VERA BLEIBTREU

# Schöner sterben

## Tod eines Feng-Shui-Beraters



LEINPFAD
VERLAG

Mein Dank für Rat und Unterstützung gilt Frau Susanne Oelerich, zertifizierte Feng-Shui-Beraterin, Gau-Algesheim, und Dekan Andreas Klodt, Mainz.



Umschlag: U. Kosa, Ingelheim
Layout: Leinpfad Verlag, Ingelheim
Druck: wolf print, Ingelheim

Leinpfad Verlag, Leinpfad 5, 55218 Ingelheim,
Tel. 06132/8369, Fax: 896951
E-Mail: info@leinpfadverlag.de
www.leinpfadverlag.com

ISBN 978-3-945782-55-2

INHALT:

## FREITAG

*Der Mensch hat dreierlei Wege, klug zu handeln; erstens durch Nachdenken, das ist das Edelste, zweitens durch Nachahmen, das ist das Leichteste, und drittens durch Erfahrung, das ist das Bitterste.*

*Konfuzius*

Daniel von Wertkamp schloss nachdenklich die Haustür hinter sich. Den Schlüssel steckte er in ein Kuvert und warf ihn in den Briefkasten. So hatte er es mit den Eigentümern vereinbart. Seinen Wagen hatte er direkt vor dem Anwesen geparkt. Er schlug den Mantelkragen hoch, es nieselte leicht. Die wenigen Schritte bis zum Gartentor legte er zügig zurück. Er öffnete die Fahrertür und warf seine Aktentasche neben sich. Dann blickte er auf die Uhr. Er würde sich beeilen müssen, der nächste Termin in Ingelheim war schon in zwanzig Minuten. Er schätzte es nicht, wenn er in Zeitdruck geriet. Aber er hatte in diesem Objekt länger gebraucht als geplant.

Es war nicht sein erster Besuch vor Ort gewesen, seine Auftraggeber waren schon ungeduldig geworden, der Verkäufer ließ sich kaum länger vertrösten. Immobilien waren begehrt, vor allem in dieser Gegend. Der Preis für die Villa war allerdings horrend und ließ sich allenfalls mit der Größe des Grundstücks begründen. Das war wohl der einzige Grund, weshalb der Verkäufer zugestimmt hatte, dass die Kaufinteressenten sich noch seinen zweiten Besuch ausbedungen hatten, nachdem sein erstes Gutachten Zweifel hatte aufkommen lassen.

Daniel von Wertkamp warf einen letzten Blick auf das Haus. Eigentlich eine sehr schöne Lage und auch der Grundriss war einigermaßen harmonisch – bis auf den einen Bereich im Haus. Auf den ersten Blick wirkte die Immobilie idyllisch. Allerdings war ihm bei den Besichtigungen immer wieder eiskalt geworden. Er hatte es zunächst auf den Kreislauf geschoben. Auch jetzt spürte er diese Kälte. Das war nicht der Kreislauf.

Er würde vom Kauf abraten. Möglicherweise würden andere Menschen in diesem Haus glücklich werden. Aber vorher müsste hier sehr viel geschehen. Wahrscheinlich zu viele Veränderungen im Blick auf den Preis. Seine Klienten würde er nach dem Termin in Ingelheim vorab mündlich informieren, das Gutachten sollte dann am nächsten Tag fertig sein.

Er setzte sich ans Steuer und fuhr los. Es war nicht einfach gewesen, ein Auto zu finden, das seinen Ansprüchen gerecht wurde. Er wusste, dass es viele Klienten irritierte, wenn er mit seinem Kleinwagen vorfuhr. In geschäftlichen Beziehungen war es nach wie vor noch häufig wichtig, ein repräsentatives Auto zu haben. Für ihn war anderes relevant. Ihm ging es um Formen und Farben, um die Harmonie des Ganzen, auch um Umweltschutz. Seine Reputation war inzwischen so unangefochten, dass er es sich leisten konnte, so zu leben, wie er es für richtig hielt. Sein Auto berücksichtigte in seiner Anmutung und Farbkomposition exakt das, was er sich vorstellte. Er hatte es nicht nötig, sich durch einen Oberklassewagen zu profilieren. Der Trend, das wusste er schon lange, ging sowieso in die andere Richtung.

In der Lennebergstraße galt eine Tempobeschränkung, nach dem Ortsschild konnte er etwas Fahrt aufnehmen. Er bog hinter Schloss Waldthausen nach links in Richtung Heidesheim ab und drückte auf das Gaspedal. Die Fahrbahn war frei, außer ihm war gerade kein Fahrzeug unterwegs. Die Tachonadel kletterte auf 120 km/h. In Gedanken war er immer noch bei dem Anwesen in der Eleonorenstraße und überdachte seine Stellungnahme.

Als der Hinterreifen seines Wagens platzte, verlor er die Kontrolle über sein Auto. Er versuchte noch verzweifelt gegenzusteuern, doch er konnte das Lenkrad nicht halten. Der Wagen schleuderte auf der nassen Fahrbahn, kam ab, überschlug sich, prallte gegen eine Kiefer und blieb auf dem Dach liegen.

Das große Haus in Hechtsheim hatte außergewöhnlich viele Treppen. Maklerin Maike Just fand das sowohl hässlich als auch unpraktisch. Ein seniorengerechter Umbau war in diesem Haus faktisch unmöglich, es sei denn, man würde einen Großauftrag für Treppenlifte starten.

Glücklicherweise war Mainz als Wohnort so begehrt, dass man ihr wahrscheinlich auch dieses schreckliche Objekt abnehmen würde. Ihre Wadenmuskeln schmerzten. Trotz ihrer bequemen Schuhe spürte Maike Just die Folgen des nervigen Treppensteigens. Nun – gleich würde die Hausbegehung zu Ende sein, dann könnte sie sich in der Apotheke Franzbranntwein kaufen, zum Einreiben ihrer strapazierten Waden.

Es blieb nur noch der Keller.

„Soll ich vorgehen? Die Treppe ist etwas steil, aber wir sind ja in Übung!“ Die Maklerin lachte.

Maike Just tastete nach dem Lichtschalter, als sie der Stoß brutal von hinten traf. Sie schrie, doch ihr Schrei brach ab, als sie mit einem hässlichen Geräusch unten auf dem Beton boden des Kellers aufschlug.

Das Kellerlicht flammte auf. Der verrenkte Körper lag am Fuß der Treppe. Eine Drahtschlinge wurde aus einer Tasche gezogen. Schritte huschten die Kellertreppe hinunter. Doch das kleine todbringende Gerät musste nicht mehr eingesetzt werden. Maike Just lag in einer Blutlache, die sich langsam ausbreitete. Aus ihrem Schädel sickerte Gehirnflüssigkeit. Ihre Augen blickten starr. Ein Zeigefinger legte sich leicht auf ihre Pulsader am Hals. Nichts war zu spüren. Aus der Aktentasche der Maklerin fischte die Hand vorsichtig ein Smartphone. Kaum eine Minute später erlosch das Kellerlicht und hüllte die Leiche von Maike Just in barmherzige Dunkelheit.

## SONNTAG

*Erzähle mir die Vergangenheit, und ich werde die Zukunft erkennen.*
*Konfuzius*

Arne und Susanne ließen sich ein spätes Frühstück schmecken. Kommissar Arne Dietrich hatte Urlaub, den er bei seiner Freundin in Mainz verbrachte und dabei keine Gelegenheit versäumte, Susanne ausgiebig zu verwöhnen. Pfarrerin Susanne Hertz freute sich nach ihrer Rückkehr vom Gottesdienst über den schön gedeckten Frühstückstisch, mit dem Arne sie überrascht hatte. Vor dem Gottesdienst hatte es nur für einen hastigen Kuss und eine schnelle Tasse Tee gereicht. Arne hatte am Samstag bei Fisch-Jackob Susannes Lieblingsfischsalate besorgt. Die kleine rote Rose, die er auf dem Wochenmarkt vor dem Mainzer Dom gekauft hatte, und die von ihm selbst gekochte Orangen-Ingwer-Marmelade im Schälchen aus Rosenthal-Porzellan vervollkommneten das idyllische Frühstücksensemble.

Susanne war begeistert. Sie trauerte zwar immer noch der Zeit hinterher, als Arne und sie jeden Morgen gemeinsam frühstücken konnten und er noch nicht seinen beruflichen Wechsel nach Berlin gewagt hatte. Doch eine Fernbeziehung hatte auch ihre Vorteile. Etwa diese kleine Rose und die sensationelle Orangen-Ingwer-Marmelade, die er am Vorabend spontan gezaubert hatte. Susanne musste zugeben: Arnes Karrieresprung hatte ihm gutgetan. Er wirkte viel ausgeglichener. Wenn er jetzt in Mainz bei ihr war, gab er sich ganz besondere Mühe, die gemeinsame Zeit angenehm zu gestalten. Das Frühstück gerade hatte jedenfalls Fünf-Sterne-Niveau!

Vor seinem Umzug nach Berlin war das Zusammenleben in Susannes kleiner Wohnung in der Mainzer Altstadt öfter angespannt gewesen. Diese Zeiten waren vorbei.

Susanne lenkte nach einer wunderbaren Kombination von Rührei und Herings-Dill-Häppchen in Joghurtsauce ihre Aufmerksamkeit auf eine Schale mit leckerem Krabben-Lychee-Salat. Sie tupfte sorgfältig die letzten Reste der Sauce auf und ließ sich währenddessen von Arne auf den neuesten Stand seiner Berliner Aktivitäten bringen.

„Seit wann kochst du eigentlich Marmelade?", fragte sie ihn, nachdem sie sich eine knusprige Scheibe Baguette mit seiner Kreation bestrichen hatte. „Die schmeckt richtig super. Muss ich misstrauisch werden? Hast du eine Geliebte in Berlin, die du mit deinen Kochkünsten beeindrucken willst?"

Arne legte seine Stirn in Falten. „Wie bist du mir so schnell auf die Schliche gekommen?"

Susanne boxte ihn liebevoll. „Du gemeiner Don Giovanni!"

Arne lächelte stolz. „In Spanien tausendunddrei, in Berlin ... äh … fünftausend!" Er wusste, dass er seine opernbegeisterte Freundin mit diesem Zitat aus der Mozartoper erfreuen konnte.

Susanne applaudierte. „Bravo, bravo!"

Arne küsste sie auf den mit Marmelade verschmierten Mund. „Im Ernst – es macht keinen Spaß, für sich alleine zu kochen. Außerdem kannst du in Berlin überall für kleines Geld lecker essen, vietnamesisch oder indisch zum Beispiel. Irgendwo muss ich dann ja hin mit meiner unausgelasteten Kochenergie, das fokussiert sich inzwischen komplett auf Mainz. Du hast mich allerdings gerade auf gute Gedanken gebracht. Selbstgemachtes ist ja in und Marmelade ein gerngesehenes Geschenk, das wäre was für meine fünftausend Geliebten in Berlin. Ich könnte überlegen, die Sache langfristig als zweites Standbein auszubauen."

„Möchtest du ein Bordell aufmachen?"

„Wo denkst du hin, das ist mir zu anstrengend, außerdem ist in Berlin die Konkurrenz im Rotlichtmilieu zu groß. Ich gönne meine fünftausend Damen keinem anderen. Nein, ich denke an eine kleine Manufaktur für Konfitüren. Der Trend geht hin zum biologisch wertvollen, handgefertigten Produkt."

„Du solltest das erste Glas dem Polizeipräsidenten überreichen, verbunden mit deinem Antrag auf Genehmigung einer Nebenbeschäftigung."

Das Telefon klingelte.

„Wenn das Tanja ist, frag sie, ob sie Lust auf selbstgemachte Orangen-Marmelade mit Ingwer hat, am besten soll sie gleich ihren frischangetrauten Wolfgang mitbringen", meinte Arne. „Ich verrate ihr auch nicht, dass du schon alle Fischsalate vertilgt hast."

Aber es war nicht Kommissarin Tanja Schmidt, Susannes beste Freundin und Arnes ehemalige Kollegin im Morddezernat. Es war das Bestattungsinstitut, und zwar ausgerechnet das Bestattungsinstitut Ibel und Jung.

Stefan Ibel und Konrad Jung waren auf Susannes Beliebtheitsskala nicht gerade oben angesiedelt. Susanne mutmaßte, dass Stefan Ibel und Konrad Jung einen Sondervertrag mit einem Teelicht-Hersteller hatten, denn sie übersäten die Trauerhallen bei Trauerfeiern derartig mit Teelichtern, dass man unwillkürlich den Eindruck gewann, sich am Gedenkort eines Terroranschlags oder eines Flugzeugabsturzes zu befinden. Susanne fragte sich, wie es mit der Feinstaubbelastung während Bestattungen mit Ibel und Jung aussah. Ein solches Kerzenmeer musste doch zu Sauerstoffverlust und Rußpartikelverschmutzung führen. Wahrscheinlich waren Ibel und Jung und nicht die Dieselfahrer der Grund dafür, dass die Stadt Mainz diese Probleme mit den Schadstoff-Grenzwerten hatte. Susanne nahm sich vor, die Stadt Mainz und die Deutsche Umwelthilfe auf die Praktiken von Ibel und Jung hinzuweisen. Im Grunde musste man schon aus gesundheitlichen Gründen von diesem Bestattungsinstitut abraten. Immerhin hatte Susanne inzwischen durchgesetzt, dass Ibel und Jung ihre Teelichter nur im Sicherheitsabstand von ihrem Rednerpult in der Trauerhalle deponierten. Schon zweimal war ihr während Trauergottesdiensten der Talar fast angebrannt. Größere Katastrophen hatten nur durch das beherzte Eingreifen von Angehörigen vermieden werden können. Susanne fand, dass Teelichter in Stövchen gehörten und nicht in die Nähe predigender Pfarrerinnen und Pfarrer. Eigentlich war sie für ein grundsätzliches Teelichtverbot in Trauerhallen, oder noch besser: für ein Berufsverbot für Ibel und Jung. Arne hatte ihr erklärt, dass sie einfach nicht genügend betroffen, sensibel und einfühlsam für dieses Bestattungsinstitut sei. Dann hatte er vorgeschlagen, eine Liste der für dieses Bestattungsinstitut geeigneten Pfarrerinnen und Pfarrer anzulegen. Im Trauerfall wären vom Bestattungsinstitut Ibel und Jung dann nur die Pfarrerinnen oder Pfarrer anzurufen, die auf der Liste geführt und der nervlichen Belastung mit diesem Institut gewachsen waren.

Susanne zählte sich nicht dazu. Sie hatte Arnes Vorschlag gleich beim nächsten Personalgespräch an ihren Dekan weitergegeben. Der Dekan hatte das Anliegen bedauerlicherweise als nicht durchführbar zurückgewiesen, auch wenn er ein gewisses Verständnis für ihren Vorschlag geäußert hatte. Jedenfalls hatte Susanne sein breites Grinsen und die angedeutete Yoga-Meditationshaltung so interpretiert.

„Wissen Sie, dass heute Sonntag ist?", erkundigte sich Susanne etwas genervt. Eigentlich war der Sonntag für Anrufe von Bestattungsinstituten nicht üblich.

„Selbstverständlich", säuselte Stefan Ibel. „Aber die Witwe hat insistiert, dass ich Sie heute noch anrufe. Übrigens hat sie auch auf Ihnen als Pfarrerin bestanden."

Susanne riss sich zusammen, fast hätte sie mit „Ommm" geantwortet. „Wieso?"

„*Das* verstehen wir auch nicht", antwortete Stefan Ibel trocken und ohne seine übliche Säuselstimme. Er bewies damit eine Portion englischen Humors, die Susanne ihm gar nicht zugetraut hatte. „*Das* verstehen wir auch nicht" – Stefan Ibel war ja witzig! Man sollte Menschen einfach nicht unterschätzen. Fast hätte Susanne gekichert.

„Die Witwe sagt, sie kenne Sie von früher, aus der Grundschule. In Bonn."

Susanne war irritiert. „Bonn? Grundschule? Das ist ja eine Ewigkeit her. Was heißt Ewigkeit – meine vorletzte Inkarnation, wenn Sie verstehen, was ich meine. Wie heißt denn die Witwe?"

„Andrea von Wertkamp. Ihr Mädchenname lautet Steiner. Steiner wie der Anthroposoph, Freie Waldorfschule, wir tanzen das Alphabet. Sie wissen hoffentlich, wie der sich schreibt: STEINER."

Stefan Ibel klang immer noch ironisch.

Susanne versuchte, ein Bild von einer Andrea Steiner zu bekommen.

Stefan Ibel schickte sich an, ihrer Erinnerung weiter zu helfen: „Der klassische Schneewittchentyp, schneeweiße Haut, pechschwarze Haare. Eine aparte Schönheit. Immer noch, obwohl sie keine zwanzig mehr ist."

Susanne kam aus dem Staunen nicht heraus. Sie hätte niemals gedacht, dass die Worte „Schneewittchentyp" und „aparte Schönheit" zum aktiven Wortschatz von Stefan Ibel gehören könnten, ganz zu schweigen von der Anspielung auf das Alter einer Kundin. Aber jetzt erinnerte sie sich.

„Sie war in der Parallelklasse", erklärte sie in einem fast entschuldigenden Ton. „Andrea Steiner. Klar, die kenne ich."

„Es ist *so wunderbar*, dass Sie eine so *personliche* Beziehung zu der Trauerfamilie haben. Das wird bestimmt *tröstlich* für alle Beteiligten sein!", flötete Ibel.

„*Ganz bestimmt*", hauchte Susanne in den Hörer. Wenn Ibel sie mit neuen Facetten überraschen konnte, dann müsste ihr das doch auch gelingen können. „Ich bin *so froh*, dass *Ihr Institut* diesen Trauerfall übernommen hat", sülzte sie. Sie kam sich richtig fremd vor. Auf Dauer konnte sie diesen Ton nicht durchhalten.

„Danke, das Vergnügen ist ganz auf unserer Seite", antworte Stefan Ibel. „Zumal die Witwe darauf besteht, dass die Trauerhalle nach Feng-Shui-Gesichtspunkten dekoriert wird, damit kennen Sie sich als welterfahrene Pfarrerin doch sicher bestens aus."

Susanne hatte keine Ahnung, was Feng-Shui war, sie vermutete, dass es sich um eine Art der Blumendekoration handelte – oder hieß das Ikebana? Oder Makramee? Sie hatte jedoch keine Lust, ihre Wissenslücke gegenüber Stefan Ibel zuzugeben, der auch schon weiterredete.

„Ich gebe Ihnen mal die Kontaktdaten der Witwe von Wertkamp, geborene Steiner. Den Termin für die Beisetzung haben wir noch nicht, es ist ja Wochenende, darüber hinaus ist die Leiche in der Rechtsmedizin und noch nicht freigegeben."

Stefan Ibel nannte Susanne die Telefonnummern und die Adresse ihrer alten Schulfreundin.

„Die Witwe wünscht sich dringend, dass Sie sie heute noch anrufen und am besten auch besuchen. Es war übrigens ein Unfall. Die Witwe meint allerdings, es sei ein Mord gewesen. Aber ich bin mir *ganz sicher*, dass *Sie* diese Herausforderung *bestens* meistern, auch ohne meine freundlichen Wünsche zum Gelingen. *Sie* sind ja Kriminalfälle gewohnt. Da allerdings gerade das den Optimismus fördernde Feuerelement in der Jahressäule gänzlich fehlt, sind alle auf die *freundlichen Gedanken* ihrer Mitmenschen angewiesen. Auf Wiederhören."

Es klickte im Hörer. Susanne war sich nicht sicher, ob Stefan Ibel beim Auflegen leicht gekichert hatte.

„Du hast Arbeit?" Arne zog eine Schnute. „Das war´s wohl mit unserem schönen Frühstück."

Susanne setzte ihren Freund kurz ins Bild und erzählte auch von dem bemerkenswerten Gespräch mit Stefan Ibel.

„Ich wusste gar nicht, dass der so witzig sein kann, er zeigte englischen Humor! Zum Schluss war er aber wieder ganz der Alte, faselte etwas von Feuersäule und Jahreselement oder so ähnlich. Ich habe nichts verstanden, war mir aber auch nicht ganz sicher, ob Stefan Ibel mich auf den Arm genommen hat. Kurzgefasst: Arbeit habe ich schon, aber ich glaube kaum, dass die mir aus der Grundschulzeit bekannte Witwe und ich uns gleich für die nächste Stunde zum Trauergespräch verabreden. Ich rufe sie an, mache einen Termin mit ihr aus und nach dem Telefongespräch können wir sicher unser Frühstück fortsetzen. Oder andere Leckereien ausprobieren." Susanne schmachtete Arne verheißungsvoll an.

Arne zeigte mit dem Daumen nach oben. „Das klingt gut! Wie gesagt, der Trend geht hin zum biologisch wertvollen, handgefertigten Produkt."

Susanne war zum ersten Mal in einer der neuen Wohnungen am Zollhafen und schaute sich neugierig um. Ganz offensichtlich hatte Andrea von Wertkamp keine Geldsorgen. Schon der Eingangsbereich wirkte großzügig und lichtdurchflutet.

„Herzliches Beileid zum Tod Ihres Mannes", begann Susanne das Gespräch.

„Ach, bleiben wir doch beim Du, wir kennen uns ja schließlich aus der Grundschule." Andrea von Wertkamp lächelte. „Ich habe dein Foto neulich in der Zeitung gesehen, es ging um die Ausgrabungen im Alten Dom St. Johannis. Und vor ein paar Jahren habe ich den Bericht über dich und diesen Mord an einem Medizinprofessor gelesen, mit einem Foto von dir und deiner Freundin, dieser Kommissarin. Ich habe dich sofort wiedererkannt. Du hast immer noch dieses verschmitzte Lächeln, das hat sich gar nicht verändert. Ich hatte schon öfter überlegt, einfach mal bei dir anzurufen. Schließlich sind wir beide in Mainz gelandet. Es ist so traurig, dass wir uns jetzt wegen dieses schrecklichen Mordes an meinem Mann wiedersehen."

Andrea von Wertheim schluckte, schloss die Augen und drehte sich für einen Moment um, offenbar wollte sie Susanne nicht ihre Tränen zeigen. Als sie sich wieder gefasst hatte, lächelte sie Susanne tapfer an. „Du liebe Güte, du hast ja noch deine Jacke an!"

Andrea hängte Susannes Jacke in einen antiken Kleiderschrank, der als Blickfang in dem sonst von Möbeln frei gehaltenen Entree stand. Nur ein ebenfalls antiker Spiegel teilte sich mit dem Schrank die Präsenz im Flur. Die meisten Türen der Wohnung standen offen. Die Penthouse-Wohnung eröffnete grandiose Ausblicke auf den Fluss.

„Daniel war Hahn-Geborener. Er liebte es, von hier oben in die Weite zu blicken", erklärte Andrea.

Susanne hatte keine Ahnung, was ein „Hahn-Geborener" sein sollte, aber sie bewunderte die elegante Leichtigkeit der Einrichtung. Die Wohnung wirkte aufgeräumt, mit einer interessanten Farbgebung der Wände und Möbel, die trotzdem nicht wie eine Kopie aus „Schöner Wohnen" aussah. Im Arbeitszimmer bemerkte sie einen Schreibtisch aus rötlichem Mahagoniholz. Auf dem Boden lag ein edler, crèmefarbener Mir, der dem Zimmer eine zarte Wärme verlieh. Der Schreibtischstuhl war einer dieser sündhaft teuren Sitzhocker, mit denen Susanne schon seit Jahren liebäugelte, die aber ihr finanzielles Budget klar überstiegen. Leider hatte sich auch der Kirchenvorstand der St. Johannis-Gemeinde nicht überzeugen lassen, hier einen Zuschuss zu gewähren, obgleich Susanne auf die gesundheitsfördernde Wirkung des Möbels verwiesen hatte.

Susanne bemühte sich, beim Anblick der Wohnung ihren Neid zu unterdrücken. Immerhin hatte ihre Schulkameradin gerade ihren Mann verloren. Sie brauchte Susannes Trost, keine missgünstigen Blicke auf ihr Mobiliar. Allerdings war es nicht ganz einfach, in diesem Ambiente neidfrei zu bleiben.

Susanne liebte ihre kleine Wohnung über den Dächern der Mainzer Altstadt, die sie liebevoll eingerichtet hatte. Ihre Freunde Wolfgang und Tanja wohnten in einer wunderbaren, frischrenovierten Altbauwohnung mitten in der Mainzer Neustadt, die Tanja mit Designermöbeln exquisit ausgestattet hatte. Aber selbst Tanjas Heim fiel im Vergleich zu diesem Ambiente ab. Für Susannes Geschmack war die Wohnung etwas zu aufgeräumt und wirkte auf sie trotz aller warmen Akzente zu kühl. Sie musste aber zugeben, dass gerade das exquisit war und zu ihrer Schulfreundin passte.

„Magst du eigentlich einen Tee? Komm, wir gehen in die Küche." Andrea bereitete den Tee in einer sorgfältigen Zeremonie zu. In kreisenden Bewegungen goss sie heißes Wasser, das sie nach dem Kochen leicht hatte abkühlen lassen, über grünen Tee und ließ den Tee etwas ziehen. Dann stellte sie die Kanne und zwei Tassen auf ein Tablett und ging mit Susanne in das Wohnzimmer der Penthouse-Wohnung.

Im Wohnbereich, der ganz in grau und weiß gehalten war, führte Andrea Susanne zu einem grauen Ledersofa, das erstaunlich bequem war, was auch an den komfortablen Kissen aus Schaffell lag. Auf einem runden Couchtisch stand eine silberne Schale mit frischen Rosenblüten. Neben die Schale platzierte Andrea das Teeservice. Sie füllte zwei hauchzarte chinesische Teeschalen und reichte Susanne eine. Susanne nippte an dem Tee, er duftete und schmeckte ausgezeichnet. Andrea selbst nahm mit ihrer Tasse Platz auf einem runden Sessel aus Olivenholz, auf dem weiße Kissen aus Rohseide lagen.

Susannes Schulfreundin wirkte müde, sie hatte dunkle Ringe unter den Augen. Ihre aparte Schönheit war dennoch berückend. Ibel hatte mit seiner Charakterisierung ihres Typs ins Schwarze getroffen.

„Schneewittchen trägt Trauer", dachte Susanne bei sich. Die schmale, feingliedrige Frau war in Schwarz gekleidet, was zu ihrem Typ ausgezeichnet passte. Sie trug keinerlei

Schmuck, lediglich ihren Ehering und eine Uhr, die ebenso edel wirkte wie die Trägerin. Susanne vermutete, dass es sich um eine Patek Philippe handelte. Jedenfalls ähnelte diese Uhr derjenigen, die Tanja zur Hochzeit geschenkt bekommen hatte. Und das war eine Patek Philippe gewesen. Tanja hatte ihr die Uhr mit verhaltenem Stolz präsentiert und erzählt, dass sogar Prinzessin Diana ein Fan dieser Uhrenmarke gewesen sei. Noch an ihrem letzten Lebenstag habe Diana eine Patek Philippe getragen. Susanne konnte sich nicht vorstellen, dass Wolfgang seiner Tanja zur Hochzeit eine Billiguhr geschenkt hatte. Prinzessin Diana war sicher auch eher im oberen Preissegment unterwegs gewesen. Ganz klar: Patek Philippe war nicht die Preisklasse, die sich Susanne leisten konnte. Andrea offenbar schon.

Susanne fühlte sich trotz aller innenarchitektonischen Brillanz ein bisschen unwohl in diesem Ambiente. Unwillkürlich fürchtete sie sich davor, die Schale mit Blüten umzustoßen oder Tee auf den kostbaren Teppich zu verschütten. Neben ihrer zarten Schulkameradin kam sie sich wie ein Trampeltier vor. Es war kaum vorstellbar, dass sie einmal in dieselbe Grundschule gegangen waren. Jedes überflüssige Kilo, das sie sich im Laufe der letzten Jahrzehnte angefuttert hatte, schien Susanne tiefer in die Schaffellkissen auf dem grauen Ledersofa sinken zu lassen. Sie dachte schuldbewusst an ihren übermäßigen Genuss von Krabben- und Fischsalaten und bedauerte diverse andere diätetische Sünden wie Besuche von Weinstuben und Mainzer Cafés oder Chips vor dem Fernseher. Es half auch nicht, das Gewicht auf ihr erhöhtes Berufsrisiko zu schieben. Ihr Amt zwang sie zwar zu regelmäßigen Geburtstagsbesuchen, bei denen Häppchen und Sahnetorten gereicht wurden, aber schließlich hätte sie der freundlichen Aufforderung „Greifen Sie doch bitte zu,

Frau Pfarrerin!“ auch ab und an widerstehen können.

Susanne zog den Bauch ein und versuchte, sich auf ihre Aufgabe zu konzentrieren. „Du hast von einem Mord gesprochen, das Bestattungsinstitut sagt aber, es sei ein Unfall gewesen.“

Andrea nickte. „Ja, offiziell ist es ein Unfall, der Hinterreifen an Daniels Auto ist geplatzt und er hat offenbar die Kontrolle über seinen Wagen verloren. Daniel fuhr gern sportlich und war auch diesmal dem Anschein nach schnell unterwegs. Sein Auto ist von der Fahrbahn abgekommen, hat sich überschlagen und ist gegen einen Baum geprallt. Es hatte geregnet und die Fahrbahn war nicht griffig. Den Überschlag hätte Daniel vielleicht noch überleben können, den Frontalaufprall seines Kleinwagens an den Baum jedoch nicht. Er hatte keine Chance. Für die Polizei ist es also ein tragischer Unfall, aber ich weiß, dass Daniel ermordet wor den ist. Im geplatzten Hinterreifen seines Wagens steckte ein Nagel.“

Andrea erzählte, dass die Polizei den Nagel nicht als Mordbeweis gelten lasse. Offenbar komme es häufiger vor, dass Nägel oder Schrauben sich in Reifen einfahren, ohne dass die Fahrer dies gleich bemerkten. „Während der Fahrt verliert der Reifen Luft, im schlimmsten Fall platzt er“, erklärte sie. „Die Kripo hat mir versprochen, bei neuen Indizien auf einen Mord selbstverständlich die Ermittlungen aufzunehmen. Das hilft jetzt wenig. Mir sind die Hände gebunden, ich kann ja nicht auf eigene Faust ermitteln, ganz zu schweigen davon, dass ich gar nicht weiß, wie man so etwas anfängt. Ich finde es so schrecklich, dass ich mich noch nicht von ihm verabschieden konnte. Seine Leiche ist noch nicht freigegeben.“

Andrea fiel es sichtlich schwer, die Beherrschung zu wahren. Susanne überlegte, wie sie ihre Schulkameradin trösten könnte. Sie entschied, dass es am besten wäre, wenn Andrea das Gefühl bekäme, aktiv sein zu können und nicht nur passives Opfer der Ereignisse.

„Wir können die Kripo nicht zwingen, Ermittlungen aufzunehmen. Aber wir können die Beerdigung planen. Das ist unabhängig von Ermittlungen. Erzähl mir von deinem Mann, wie ihr euch kennengelernt habt, was ihn ausgemacht hat, alles, was dir wichtig ist. Was hat er beruflich gemacht?"

„Was er gemacht hat? Hast du noch nie von ihm gehört? Er war ja eine Koryphäe auf seinem Gebiet und öfter in den Medien."

Susanne schüttelte den Kopf. Sie schaute sich in der Wohnung um und bekam eine Idee. „War er Innenarchitekt?"

„Nahe dran. Er war Feng-Shui-Berater, einer der bekanntesten Deutschlands."

Feng-Shui – das hatte schon Stefan Ibel erwähnt, aber Susanne war noch nicht dazu gekommen, den Begriff zu googeln. Jetzt half es auch nicht, so zu tun, als ob sie bestens Bescheid wüsste. „Feng-Shui – das sagt mir, ehrlich gesagt, gar nichts."

„Ach so! Deshalb ist dir Daniels Name nicht bekannt. Für alle, die sich mit Feng-Shui-Architektur und -Inneneinrichtung beschäftigen, ist sein Name ein Begriff. Wer sein Haus oder Bürogebäude so bauen lassen wollte, dass es den Menschen darin gut ging, der beauftragte Daniel. Und auch wer regelmäßig „Schöner Wohnen" las oder „Elle Decoration", kam an Daniel nicht vorbei. Er war ein anerkannter Spezialist für dieses Thema und beriet die großen Magazine regelmäßig, wenn über Feng-Shui berichtet wurde oder wenn Interieurs für eine Fotostrecke nach Feng-Shui-Gesichtspunkten dekoriert werden sollten. Feng-Shui bedeutet wörtlich übersetzt die „Lehre von Wind und Wasser". Feng-Shui ist Teil einer uralten chinesischen Philosophie, die sich damit beschäftigt, wie Häuser und Gärten harmonisch gestaltet werden können. Es geht darum, dass die Lebensenergie Chi frei in den Räumen fließen kann. Das schenkt Energie und Wohlbefinden."

Andrea bekam beim Erzählen eine frischere Gesichtsfarbe, offenbar belebte sie das Thema. Susanne freute sich, dass ihre Strategie aufgegangen war. Lebhaft setzte ihre Schulkameradin die Erläuterungen fort: „Daniel war ein Genie darin, Menschen beim Bau und beim Einrichten nach Feng-Shui-Kriterien zu beraten und seinen Klienten war das sehr viel Geld wert. Schau dich um, diese Wohnung hat er selbst geplant und eingerichtet. Wir haben so früh gekauft, dass wir die Einteilung der Räume mitbestimmen konnten. Die Farben, die Formensprache und die Materialien sind passend zu uns beiden ausgewählt. Mir tut das Metallelement gut, also das graue Sofa zum Beispiel, oder der Schieferboden, eben das, was etwas kühler ist. Daniel liebte die Schaffellkissen hier."

Susanne verstand ziemlich wenig von dem, was Andrea mit Materialien, Chi und fließenden Lebensenergien erzählte, war aber von dem Ergebnis beeindruckt, obwohl es für ihren Geschmack zu kühl wirkte. „Bei euch sieht es wirklich toll aus. Das ist alles Feng-Shui?"

Andrea stand auf und streckte ihre Hand einladend aus. „Komm, schau dir ruhig alles an. Gerade jetzt ist diese Wohnung ein großer Trost für mich, Daniels Geist ist hier so präsent."

Susanne dachte mit einem Anflug von Sarkasmus, dass sie sich auch gerne von einer Fünfzimmer-Wohnung mit Rheinblick trösten lassen würde. Aber das war gemein, denn die arme Andrea hatte gerade ihren Mann verloren.

Schon wieder war Susanne neidisch geworden. Das war sicher nicht im Sinne von Feng-Shui, ganz besonders aber auch nicht im Sinne christlicher Nächstenliebe, in deren Geist sie als Pfarrerin eigentlich unterwegs sein sollte. Außerdem war Neid eine ziemlich fiese Sünde. Susanne gestand sich ein, dass sie ganz schön anfällig dafür war. Dabei hatte sie allen Grund zur Dankbarkeit. Zu Hause wartete ein liebevoller Arne auf sie, während Andreas Mann gestorben war. Sie riss sich zusammen und richtete ihre Aufmerksamkeit auf ihre Gesprächspartnerin. „Was ist genau hier der Feng-Shui-Effekt?“, fragte sie, als sie gemeinsam im Flur standen.

„Daniel hat bewusst darauf geachtet, dass der Eingang im Bagua-Bereich ´Karriere´ liegt, damit dieses Thema immer wieder wohltuend angeregt wird. Die Himmelsrichtung, in die die Tür schaut, ist förderlich für Daniel und mich. Wichtig ist auch die Klarheit und der freundliche erste Eindruck. Du musst dir vorstellen, dass das Chi wie bei einem Walzer durch die Räume tanzt, nichts sollte ihm im Weg stehen, vielmehr dem Tanz des Chi Raum geben. Schau mal, hier im Schlafzimmer, da ist es wichtig, dass das Bett mit dem Kopfteil an der Wand steht und nicht zwischen Tür und Fenster. Außerdem haben wir keine Spiegel im Schlafzimmer, die könnten den Schlaf stören. Im Eingangsbereich dagegen kann ein Spiegel an der richtigen Stelle eine positive Funktion haben. Oder hier …“, Andrea ging voraus in das Zimmer, das offenbar als Arbeitszimmer diente, „hier ist es Daniel wichtig gewesen, dass sein Schreibtisch nicht direkt unter dem Fenster steht und dass er die Tür nicht im Rücken hat. Nach dem Bagua hat er das Arbeitszimmer in den Bereich `Kinder´ gelegt, das fördert auch die Kreativität bei seiner Arbeit.“

Susanne entschied, dass das eindeutig zu viele Informationen auf einmal waren. „Ganz schön verwirrend, wenn man das zum ersten Mal hört“, gab sie zu. „Es ist sicher aufwendig, diese ganzen Zusammenhänge zu verstehen.“

Andrea nickte und erzählte weiter. Daniel hatte viele Jahre in China verbracht und dort bei Feng-Shui-Meistern seine Ausbildung begonnen und ausgebaut. Durch diese Kenntnisse und Fähigkeiten in Kombination mit seinem abgeschlossenen Architekturstudium konnte er seinen Klienten ein breites Spektrum anbieten. Er beriet Kaufinteressenten bei Immobiliengeschäften ebenso wie bei Bauplanungen. Hotels vertrauten ihm häufig das Gesamtpaket an, von der Planung bis zur Inneneinrichtung. Seine Klienten schätzten besonders seine Verschwiegenheit.

„Feng-Shui ist etwas sehr Persönliches, schließlich analysiert der Berater neben dem Grundriss auch das Geburtsdatum des Klienten und erfährt so viel über dessen Charakter und seine Vorlieben, manchmal sogar ganz intime Dinge, beispielsweise wenn ein Klient ein spezifisches Problem hat. Eine Angsterkrankung etwa. Oder wenn Menschen sich mit einem unerfüllten Kinderwunsch an ihn wenden.“

„Geht man da nicht zum Arzt?“

„Schon, aber häufig sind solche Probleme auch durch ein unharmonisches persönliches Umfeld verursacht. Du glaubst gar nicht, wie sehr es das Leben ändern kann, wenn man nur das Bett umstellt.“

Susannes Gesichtsausdruck sah man wohl ihre Skepsis an, denn Andrea lachte.

„Du bist nicht die Erste, die das nicht glauben mag. Aber ich könnte dir wirklich viele Beispiele von erstaunlichen Wendungen erzählen, die sich durch eine Veränderung des Wohnumfeldes ergeben haben. Du kommst in deinem Beruf doch auch in viele Wohnungen oder Häuser. Kennst du nicht das Gefühl, dass man sich manchmal spontan unwohl fühlt in einer Umgebung? Oder umgekehrt sofort wie zu Hause?"

Susanne stimmte zu. In der Tat, das kannte sie. Andrea erklärte ihr, dass jedes Haus eine eigene Ausstrahlung habe, die auch von den Menschen, die in dem Haus leben, beeinflusst werde.

„Eine Gewalttat zum Beispiel verändert die feinstoffliche Schwingung in einem Haus. Das weiß auch unsere deutsche Sprache. Du kennst doch das Sprichwort, dass jemand eine „Leiche im Keller liegen" hat. Das Gute ist aber, dass man eine belastete Energie klären kann, durch Räuchern etwa. Das ist allerdings schon ein kompliziertes Thema, das Daniel aber auch beherrscht hat."

Susanne schwankte zwischen Zweifel und Faszination. Sie hatte das Gefühl, wieder auf sicheren Boden kommen zu müssen, schließlich wollte sie eine Trauerfeier vorbereiten. Am besten würde sie das Gespräch auf die Biografie des Toten lenken. „Wie habt ihr euch eigentlich kennengelernt?"

Die Erinnerung tat Andrea offensichtlich gut. „Wir haben uns an der Uni kennengelernt, in Bonn, bei einem Fest. Daniel hatte mit Geographie begonnen, ich mit Jura. Ein Semester später hat Daniel dann auf Architektur umgesattelt und in Aachen weiterstudiert, aber da waren wir schon fest zusammen. Als ich im vierten Semester war, wurde ich schwanger und wir haben geheiratet."

„Du hast ein Kind!"

„Sogar zwei! Es sind Zwillinge, zwei Töchter, Viktoria und Nike, sie studieren beide in Princeton. Viktoria studiert Philosophie, Nike Volkswirtschaftslehre. Nike schlägt mehr nach mir, Viktoria nach ihrem Vater. Ich wollte nicht, dass sie ihr Semester unterbrechen. Sie können mir hier nicht helfen und per WhatsApp sind wir auch verbunden. Aber sie haben darauf bestanden, zu kommen. Sie landen heute Abend in Frankfurt. Mir ist das nicht recht, aber wenn die beiden sich etwas in den Kopf gesetzt haben, ist es zwecklos, ihnen zu widersprechen."

Susanne merkte, dass in Andrea ein eiserner Willen lebte. Selbst in dieser für sie furchtbaren Katastrophe behielt sie den Überblick und ließ sich nicht aus dem Konzept bringen.

Die beiden Frauen gingen wieder zurück ins Wohnzimmer. Susanne ließ sich eine weitere Tasse des köstlichen Tees einschenken.

„Welchen Grund könnte jemand gehabt haben, deinen Mann umzubringen?", fragte Susanne und nippte an ihrer Teeschale.

„Ich weiß es nicht. Ich weiß noch nicht einmal, an welchem Projekt er gerade gearbeitet hat. Über seine Aufträge habe ich immer erst dann etwas erfahren, wenn ich die Rechnung stellen sollte. Daniel war sehr verschwiegen in seiner Arbeit. Das haben seine Klienten auch besonders geschätzt. Gerade auch die internationalen Auftraggeber."

Andrea nahm einen Schluck Tee und erinnerte sich weiter. Daniel hatte durch sein Architekturstudium Feng-Shui entdeckt, ihn faszinierten Bauten, die nach diesem Prinzip gestaltet waren. Ihm war schnell deutlich geworden, dass er Architektur und Feng-Shui kombinieren und seine Ausbildung fundiert beginnen wollte. Das Ehepaar hatte entschieden, mit den Kindern nach China zu gehen. Andrea hatte dort auf ihr Jurastudium per Fernstudium eine Ausbildung zur Steuerberaterin aufgesattelt. Nach ihrer Rückkehr nach Deutschland hatte sie die Ausbildung abgeschlossen und sich selbstständig gemacht. Ein Schwerpunkt ihrer Arbeit war die steuerliche Betreuung von chinesischen Unternehmen in Deutschland.

Daniel wiederum beriet deutsche Firmen bei der Einrichtung ihrer Büros in China und war deshalb immer wieder auch in China tätig. Andreas Büro erledigte die Buchhaltung von Daniel, so konnte sich ihr Ehemann ganz auf seine Arbeit konzentrieren. Nachdem Nike und Viktoria in die USA gegangen waren, hatten Daniel und Andrea ihr großes Haus in Hechtsheim verkauft und sich das Penthouse am Zollhafen gekauft.

„Ihr habt euch gut ergänzt!“, meinte Susanne.

„Wie Yin und Yang. Wir haben uns nicht nur gut, wir haben uns perfekt ergänzt. Deshalb ist diese Wohnung auch so wichtig für mich. Ich spüre Daniels Kraft hier in der Umgebung, die wir so harmonisch für uns gestaltet haben. Daniel war ein Ästhet und er war unbestechlich. Er hätte nie gegen seine Überzeugung gehandelt oder ein Gutachten verändert, nur weil seine Einschätzung jemandem nicht gefiel. Ich werde übrigens morgen einen Termin auf dem Waldfriedhof in Mombach vereinbaren. Während mein förderliches Element ja das Metall ist, war Daniels förderliches Element die Erde. Auch deshalb habe ich mich für eine Erdbestattung entschieden. Wichtig ist jetzt nur, dass auch der Ort stimmt. Ich werde sehen, ob mir ein Platz spontan zusagt. Die Grabstelle sollte, wie auch bei einem Haus, einen schönen Schutz bieten und gleichzeitig einen wunderbaren Ausblick. Und die Himmelsrichtung sollte stimmen. Dafür nehme ich mir noch einen Kompass mit.“

„Für die Himmelsrichtung?“

„Genau, denn wie hier in unserer Wohnung ist auch für die letzte Wohnstätte die Himmelsrichtung ein markanter Aspekt. Wir sollten unsere guten Richtungen nutzen. Für ein Grab gelten jene aus dem Grab-Feng-Shui. Das Grab-Feng-Shui weiß: Wenn es den Ahnen gut geht, geht es auch den Nachkommen gut.“

Susanne war etwas erstaunt darüber, dass Andrea schon so kurz nach dem Tod ihres Mannes so abgeklärt planen konnte. Fast, als ob sie ihre Gedanken hätte lesen können, fuhr Andrea fort: „Vor einigen Jahren haben Daniel und ich ausführlich darüber gesprochen, wie wir beerdigt werden möchten und haben das aufgeschrieben. Für Daniel ist es jetzt nach seinem Tod vorteilhaft, wenn er mit dem Kopf in Richtung Südwesten liegt." Andrea lächelte, als sie Susannes Gesichtsausdruck sah. „Für eine Pfarrerin kannst du ganz schön ungläubig aus der Wäsche schauen."

„Verzeih, aber für mich klingt das wirklich sehr fremd. Bist du dir sicher, dass das funktioniert? Kann man das beweisen?"

„Kannst du Gott beweisen? Nein, beweisen kann ich das natürlich nicht. Aber ich bin mir ziemlich sicher, dass es funktioniert. Ich halte es da mit der alten Medizinerweisheit: Wer heilt, hat recht!"

Susanne ließ sich von ihrer früheren Schulkameradin noch einige Beispiele außergewöhnlicher Veränderungen nach Feng-Shui-Beratungen berichten. Schließlich bemerkte sie, dass das Gespräch schon länger als zwei Stunden gedauert hatte. „Ich glaube, für heute lassen wir es gut sein. Du siehst müde aus – was meinst du, wollen wir uns vertagen?"

Andrea von Wertkamp nickte dankbar.

„Feng-Shui – sagt dir das was?"

Susanne lief neben Tanja durch den Gonsenheimer Forst. Die beiden Freundinnen hatten sich schon vor einiger Zeit für einen gemeinsamen Lauf am frühen Sonntagabend verabredet. Gleich nach ihrem Gespräch mit Andrea von Wertkamp hatte sich Susanne schnell umgezogen und war nach Gonsenheim gefahren. An einem Sommertag hatte der Wald um diese Uhrzeit einen ganz besonderen Reiz. Alles war in ein warmes Licht getaucht. Nur noch wenige Spaziergänger und Jogger waren unterwegs. Die Menschen rüsteten sich für den Tatort oder einen Grillabend.

„Feng-Shui? Klar, wer sich für Design interessiert, hat auch schon mal was von Feng-Shui gehört. Aber ich persönlich kann damit nichts anfangen, das ist mir zu kompliziert. Oder manchmal einfach zu chinesisch. Ich mag auch keine asiatischen Gärten, du weißt schon, diese Dinger mit einem verkrüppelten Baum in einem Kiesbett. Aber wahrscheinlich tue ich den Chinesen und Japanern unrecht und diese Gärten sind nur pseudoasiatisch. Egal – ich mag sie nicht. Und ich habe keine Ahnung von Feng-Shui. Warum beschäftigst du dich damit? Willst du auf Innenarchitektur umsatteln?"

„Keineswegs, ich bleibe Pfarrerin. Aber ich muss jemanden beerdigen, der Feng-Shui-Berater war. Ganz schön kompliziert die Angelegenheit, seine Witwe hat versucht, mir in einem Crashkurs die wichtigsten Details beizubringen, inklusive Grab-Feng-Shui und chinesischem Horoskop."

„Du weißt doch: Schützen glauben nicht an Horoskope. Du redest gerade mit der Falschen. Wollen wir trotzdem weiterlaufen?"

„Du bist spirituell wirklich völlig unsensibel, liebe Tanja! Außerdem ist es strenggenommen auch deine Angelegenheit, die Witwe ist nämlich felsenfest davon überzeugt, dass ihr Mann ermordet worden ist."

„Hat sie das herausgependelt? Oder warum sind die Kollegen und ich nicht schon längst im Einsatz?"

„Es war ein Autounfall, geplatzter Hinterreifen. Der Mann hat die Kontrolle über sein Auto verloren und ist ganz in der Nähe von hier gegen einen Baum geknallt."

„Für mich klingt das wie ein Unfall."

„Sie meint, er sei ermordet worden, weil in seinem Hinterreifen ein Nagel gesteckt habe."

„Weißt du, wie viele Nägel und Schrauben jedes Jahr in Autoreifen stecken? Wenn wir da jedes Mal eine Mordermittlung dranhängen, müsste Deutschland seine Mordkommissionen vervielfachen. Aber deine Witwe könnte natürlich auch die Schrauben- und Nagelhersteller auf Beihilfe zum Mord verklagen, wäre doch auch eine schöne Idee."

„Aha." Susanne entschied, dass es besser war, die Angelegenheit nicht weiter zu vertiefen. Stattdessen erzählte sie von Arnes liebevollen Frühstücksgestaltungen während seiner Mainzer Urlaubstage und fragte, wie es mit Tanjas neuem Kollegen stehe.

„Ich habe jetzt eine Kollegin, Pia. Du kennst sie, wir haben im Fall des ermordeten Medizinprofessors miteinander gearbeitet. Pia ist ein Schatz, etwas schweigsam, aber das passt gut zu mir! Frag mich, wie ich es geschafft habe, die Klaas-Selter davon zu überzeugen, Philipp Engelmann in ein anderes Team zu versetzen."

„Ich frag dich."

„Ich musste ihr erklären, dass ich aufgrund einer traumatischen Erfahrung mit einem Grundschullehrer den Geruch von Leberwurstbroten als retraumatisierend empfinde, dies aber wegen der Gefahr einer erneuten manifesten Retraumatisierung nicht mit dem Leberwurstbrotessenden Philipp besprechen kann."

„Das hat sie geschluckt?"

„Wie Philipp seine Leberwurstbrote. Ich glaube, sie hatte keine Lust, zuzugeben, dass sie keine Ahnung von Traumatisierungen und Retraumatisierungen hat."

„Und du? Ich wusste gar nicht, dass du dich mit Traumaforschung beschäftigst."

„Frag mich das *nicht.*“

„Na gut, ich frag dich nicht.“

„Nur so viel: Ich hatte nur Grundschullehrerinnen. Aber ich gehe stark davon aus, dass die Klaas-Selter nicht die Liste meiner Lehrerinnen an der Goetheschule abklärt. Ich habe ihr Pia als Alternative zu Philipp auf dem Silbertablett serviert und sie hat die Teams verändert. Philipp hat sich nicht beschwert. Er kann mich genauso wenig leiden wie ich ihn und Pia hat sich darauf gefreut, mit mir zusammenzuarbeiten. Arne fehlt mir immer noch, aber Pia ist wirklich in Ordnung. So lang wird unsere Zusammenarbeit sowieso nicht dauern.“

Susanne war damit beschäftigt, nicht über die Wurzeln der Bäume zu stolpern, die überall aus dem Sandboden ragten. „Wieso dauert eure Zusammenarbeit nicht länger? Geht Pia weg aus Mainz?“

Tanja hüpfte elegant über eine Wurzel.

„Nein. Aber es gibt schließlich Mutterschutz und Elternzeit, ich gedenke, beides in Anspruch zu nehmen.“

Susanne stolperte und legte sich der Länge nach auf den Gonsenheimer Waldsandboden. Tanja reichte ihr die Hand und half ihr auf.

„Ja, mich hat es auch fast umgehauen. Du bist die zweite, die es erfährt, nach Wolfgang. Ich bin in der neunten Woche.“

Susanne nahm ihre Freundin in den Arm. „Da drücke ich mal lieber nicht zu fest. Gott, wie ich mich für euch freue!“ Das war ehrlich gemeint, und sie fühlte auch die Freude für ihre Freundin, aber zugleich meldete sich ein alter Bekannter: ihr Neid. Tanja war schwanger – und sie? Ihre biologische Uhr tickte schon lange. Sie und Arne hatten schon öfter über Kinder geredet, aber immer war etwas Anderes wichtiger gewesen. Warum eigentlich? Und: Warum war sie gerade wieder ganz bei sich und ihren geheimen Sehnsüchten und konnte sich nicht einfach so mit ihrer Freundin über deren Schwangerschaft freuen? Neid war ein fieses Gefühl. Eine fiese Sünde. Susanne wollte sich von ihrem Neid weder ihre Freundschaft noch ihre Lebensfreude verderben lassen.

Sie schluckte ihren Neid herunter wie Philipp Engelmann seine Leberwurstbrote und nahm Tanja noch einmal ganz liebevoll in die Arme.

„Ich freue mich für dich und Wolfgang!“ Diesmal kam der Wunsch wirklich von Herzen. „Wie lange können wir denn noch joggen, jetzt, wo du schwanger bist?“

„Schwangerschaft ist keine Krankheit, Susanne. Wenn mein Bauch so dick sein wird, dass ich die Wurzeln hier im Wald nicht mehr sehe, dann joggen wir eben am Rheinufer.“

## MONTAG

*Menschenliebe ist das Wesen der Sittlichkeit, Menschenkenntnis das Wesen der Weisheit.*

*Konfuzius*

Andrea von Wertkamp hatte an der Pforte darauf bestanden, mit der Mordkommission sprechen zu wollen. Nach einer geraumen Wartezeit war sie schließlich von einer Frau abgeholt worden, der man ansah, dass sie ihren Körper mit hartem Training fit hielt. Andrea bemerkte die elegante Armbanduhr am Handgelenk der Kommissarin und einen Ehering, auf dem ein Diamant glitzerte. Diese Schmuckstücke standen in deutlichem Kontrast zu dem schlichten Äußeren des Polizeipräsidiums.

„Schmidt, Mordkommission“; stellte sich die Kommissarin vor und führte Andrea in ihr Büro. „Bitte nehmen Sie Platz, ich hole noch eine Kollegin.“

Andrea blickte sich im Büro um. Ganz offensichtlich war der Mainzer Polizei wenig an Feng-Shui-Gesichtspunkten gelegen. Nun – sie musste hier glücklicherweise nicht arbeiten. Vielleicht hatte die Einrichtung aber auch Methode, damit sich Verdächtige nicht allzu wohl und sicher fühlten und schneller klein beigaben, nur um diesem Ambiente entkommen zu können. Ihre Gedanken wurden unterbrochen, als die Kommissarin mit einer jungen Frau zurückkam.

„Meine Kollegin Pia Habeck“, stellte Tanja Schmidt vor.

Sie setzte sich an den Schreibtisch, Pia nahm sich einen Stuhl und setzte sich seitlich versetzt, sodass Andrea den Kopf drehen musste, wenn sie von einer Frau zur anderen schauen wollte.

„Was führt Sie zu uns?“, fragte Tanja.

„Mein Mann ist ermordet worden und ich bin sicher, dass das mit seinem Beruf zu tun hat.“

Tanja ließ sich nicht anmerken, dass sie von dieser Geschichte schon gehört hatte. „Was haben Sie für Informationen für uns?“, erkundigte sie sich.

Andrea von Wertkamp berichtete von dem tödlichen Unfall ihres Mannes, der von der Polizei als Unfall eingeschätzt worden war. Der Nagel im Reifen sei ihrer Ansicht nach aber der Beweis, dass es bei diesem Unfall nicht mit rechten Dingen zugegangen sei. Leider habe sie zunächst keine Ahnung gehabt, an welchem Projekt ihr Mann gerade gearbeitet habe, als er mit seinem Auto verunglückt war. Er sei sehr diskret im Blick auf seine Auftraggeber gewesen, in der Regel erfahre sie erst anlässlich einer ersten Auftragsrechnung, die durch ihr Büro erfolge, von den Projekten ihres Mannes.

Ihr Mann habe nie vor dem Abschluss über einen Auftrag gesprochen. Ihm sei es wichtig gewesen, sich zunächst ganz auf den Auftrag zu fokussieren und sich durch nichts ablenken zu lassen. Heute habe sie jedoch in ihrem Büro den Anruf eines älteren Ehepaars erhalten, das sich erkundigte, warum ihr Mann nicht wie verabredet sein Gutachten abgegeben habe. Ihr Mann habe offenbar zugesagt, ein Gutachten über ein Haus in Mainz abzugeben. Die Klienten wollten das Haus für ihren Sohn und seine Familie erwerben, die im nächsten Sommer aus China, wo der Sohn bei einer Bank gearbeitet habe, zurück nach Deutschland kommen wolle. Der Sohn habe eine Chinesin geheiratet und die Ehefrau wünsche, dass das zukünftige Heim der Familie in Deutschland Feng-Shui-Gesichtspunkten genüge – und zwar nicht nur mit Blick auf die Inneneinrichtung, sondern auch auf die gesamte Architektur des Gebäudes.

Die Eltern hatten mit Daniel von Wertkamp vereinbart, dass er passende Objekte genau in Augenschein nehmen solle. Daniel von Wertkamp habe daraufhin die Horoskope der Familie erstellt und sich anschließend verschiedene Objekte in Mainz angesehen. Für einen Zwischenbericht habe er sich kurz gemeldet. Er habe ein Objekt gefunden, die Lage stimme, er habe jedoch noch Bedenken und müsse eine zweite Besichtigung ansetzen. Der geforderte Preis für das Haus sei zwar hoch gewesen, aber Geld spiele in diesem Fall nicht wirklich eine Rolle. Wichtiger sei, dass sich die junge Familie in ihrem neuen Heim wohlfühle. Ihr Mann habe versprochen, das Ehepaar vorab telefonisch zu informieren, da beide in einem Kurzurlaub auf Madeira weilten. Doch weder telefonisch sei eine Nachricht gekommen noch hätten sie nach ihrer Rückkehr das ersehnte Gutachten vorgefunden.

Andrea erzählte, sie hätte dem Ehepaar die traurige Nachricht vom Tod ihres Mannes übermitteln müssen, beide hätten sich entsetzt gezeigt und ihr Beileid geäußert. „Ich gehe davon aus, dass dieser geplante Hauskauf im Zusammenhang mit dem Tod meines Mannes steht“, schloss Andrea von Wertkamp ihren Bericht und schaute Tanja und Pia erwartungsvoll an.

Tanja hatte aufmerksam zugehört und sich Notizen gemacht. „Haben Sie die Kontaktdaten des Ehepaars?“

Die Witwe nickte. „Das sind Herr und Frau Kohlen, sie wohnen in Drais.“ Andrea von Wertkamp schrieb die Adresse und die Telefonnummer des Ehepaares auf einen Notizzettel.

Pia und Tanja warfen sich einen Blick zu. Tanja ahnte, was Pia dachte.

„Nun gut, wir werden mit den beiden sprechen. Sollte es tatsächlich Anhaltspunkte für ein Verbrechen geben, werden wir ermitteln.“

Andrea von Wertkamp wirkte erleichtert. „Danke! Sie werden schon sehen, da stimmt etwas nicht.“

Tanja stand auf, begleitete Andrea noch bis zur Pforte, dann kehrte sie in ihr Büro zurück.

„Was meinst du?“, fragte sie Pia.

„Hm“, antwortete Pia. Sie war bekannt dafür, kein überflüssiges Wort zu verlieren.

„Was soll‘s!“, stimmte Tanja zu. „Wir rufen die älteren Herrschaften mal an, dann können wir die Sache bestimmt abhaken.“

Doch da sollte sie sich gründlich irren.

Tanja hatte mehrfach vergeblich versucht, das Ehepaar Kohlen zu erreichen. „Bei den Kohlens meldet sich niemand, weder per Festnetz noch per Handy. Ich schlage vor, wir fahren einfach mal vorbei. Wahrscheinlich liegen die im Garten am Pool und hören ihr Telefon nicht."

Pia nickte nur und schnappte sich ihre Handtasche.

Die Kommissarinnen fuhren nach Drais. Das Haus der Kohlens lag versteckt hinter einer großen Buchsbaumhecke. Tanja klingelte, es meldete sich niemand. Pia drückte die Klinke der Gartentür. Die Tür war nicht verschlossen. Pia überprüfte, dass sie ihre Waffe dabeihatte. Selbstverständlich wusste sie, dass sie ihre Waffe mitgenommen hatte, aber sie ging grundsätzlich auf Nummer sicher. Dann öffnete sie die Tür. Ein gepflasterter Weg führte zu einem Walmdachbungalow, der im Stil der 1970er Jahre gebaut und von einem großzügigen Garten umgeben war. Die Tür des Bungalows stand weit offen.

Tanja runzelte die Stirn. Laut rief sie den Namen des Ehepaars, nichts rührte sich. Tanja rief wieder laut. Keine Reaktion. Pia zog ihre Waffe. Vorsichtig näherten sich die beiden Frauen dem Haus. Gerade als sie den Bungalow betreten wollten, kam eine ältere Frau mit Gartenschere in der Hand und Kopfhörern auf den Ohren um die Ecke und ließ beim Anblick der beiden Kommissarinnen vor Schreck die Gartenschere fallen. Ihre Augen waren weit aufgerissen, sie stand wie eine Salzsäule erstarrt da, unfähig, einen Ton von sich zu geben.

Pia steckte ihre Waffe ein. Tanja fischte ihren Ausweis heraus. „Polizei, Frau Kohlen, bitte erschrecken Sie sich nicht."

Die Frau nahm ihre Kopfhörer ab.

„Polizei, Frau Kohlen, bitte erschrecken Sie sich nicht", wiederholte Tanja.

Die Frau fand erstaunlich schnell die Fassung wieder.

„Sie sind lustig! Zwei bewaffnete Frauen betreten mein Grundstück und ich soll mich nicht erschrecken! Zeigen Sie mal her."

Sorgfältig studierte Frau Kohlen die Ausweise von Tanja und Pia. „Na gut, das sieht echt aus. Und wenn nicht, hätte ich sowieso keine Chance gegen Sie beide. Wollen wir eine Tasse Kaffee auf den Schreck trinken? Anschließend können Sie mich dann in Ruhe ausrauben."

Frau Kohlen grinste. Pia lächelte anerkennend. Die Frau hatte Humor und ließ sich nicht schnell die Butter vom Brot nehmen. Die Kommissarinnen folgten ihr ins Haus und in eine gemütlich eingerichtete Küche, in der sie Kaffeepulver in einen Porzellanfilter häufelte, der auf einer bauchigen Kaffeekanne aus Porzellan thronte. Sie bemerkte den erstaunten Blick der beiden Frauen. „Diese modernen Maschinen kommen mir nicht ins Haus! Ich koche Kaffee noch so, wie es sich gehört! Das braucht Zeit."

Das Ergebnis ihrer Brühbemühungen bestätigte Frau Kohlens Einstellung.

„Ihr Kaffee schmeckt wirklich köstlich", befand Tanja.

Pia ließ sich sogar eine zweite Tasse nachschenken. Tanja und Pia genossen den Kaffee auf der Terrasse mit Blick auf einen herrlichen Garten.

„Ich schneide die Rosen immer mit Mozart. Ich bin der festen Überzeugung, dass die Blumen das honorieren." Frau Kohlen wies mit weiter Geste auf die blühende Pracht und dann auf ihre Kopfhörer. „Deshalb habe ich Sie auch nicht gehört. Wenn Richard Tauber singt, bin ich für alles andere taub."

Pia schaute etwas verständnislos, Tanja hingegen konnte den Namen Richard Tauber einordnen. Schließlich war sie seit inzwischen einigen Jahren mit dem Opern-Fan Susanne befreundet und hatte sich bei ihren gemeinsamen Joggingtouren einige Vorträge über die Vorzüge und Schwächen diverser Sängerinnen und Sänger anhören dürfen.

„Meinen Sie auch, dass Richard Tauber der beste Mozartsänger ist, der je gelebt hat?"

„In der Tat!" Frau Kohlen strahlte, das Eis war gebrochen. „Dieser Schmelz, diese Intensität – unerreicht! Mit Richard Tauber geben meine Rosen ihr Bestes."

Pia war von diesem Enthusiasmus unbeeindruckt. Opern ließen sie kalt. Von Richard Tauber hatte sie im Leben noch nie etwas gehört. Sie war Rammstein-Fan. Aber das erzählte sie eigentlich auch niemandem. Wenn sie redete, dann vorwiegend aus beruflichen Gründen, so wie jetzt.

„Können Sie uns sagen, in welcher Verbindung Sie zu Daniel von Wertkamp stehen?"

Frau Kohlens Miene verdüsterte sich. Sie wirkte betrübt. „Das ist in der Tat ganz tragisch! Der arme Mann! Seine Frau hat uns erzählt, er sei ermordet worden! Wir kannten Daniel von Wertkamp nur flüchtig. Wir hatten Kontakt zu ihm aufgenommen, weil unser Sohn Laurenz mit seiner Familie zurück nach Mainz kommt. Laurenz hat eine Chinesin geheiratet und Yini möchte, dass ihr neues Heim auch aus Feng-Shui-Sicht zur Familie passt. Feng-Shui! In meinem Konfirmandenunterricht stand das nicht auf dem Plan, aber was unsere Schwiegertochter sich in ihr hübsches Köpfchen setzt, wird eben befolgt. Na ja, Hauptsache, Laurenz ist mit ihr glücklich, dann sind wir es auch. Jedenfalls hat unsere Schwiegertochter herausgefunden, dass Daniel von Wertkamp einer der bedeutendsten Feng-Shui-Experten Deutschlands ist und praktischerweise in Mainz wohnt. Wir haben ihn engagiert, um das geeignete Haus für unseren Sohn und seine Familie zu finden. Für ein großzügiges Honorar versteht sich. Sie glauben gar nicht, was der alles wissen wollte! Geburtsdaten der ganzen Familie mit genauer Minutenangabe wegen der Horoskope!"

„Horoskop! Wenn ich das schon höre!“ Ein energisch wirkender älterer Herr war aus der Terrassentür an den Tisch getreten. Er trug ein hellblaues Polohemd zu einer weißen Jeans und Mokassins ohne Socken. Er sah aus, als ob er gleich zu einem Golfturnier oder einer Yachttour aufbrechen wollte. Sein Körper war sportlich schlank. „Wem erzählst du denn gerade unser Feng-Shui-Drama?“

„Das sind Kommissarinnen, mein Lieber. Du glaubst nicht, wie ich sie angetroffen habe! Möchtest du eine Tasse Kaffee?“

Herr Kohlen setzte sich mit an den Tisch, seine Frau brachte ihm eine Tasse. Dann erzählte sie mit Witz und ausladenden Handbewegungen, wie sie plötzlich vor ihrer Haustür auf Tanja und Pia gestoßen und ihr dabei vor Schreck die Gartenschere aus der Hand gefallen war. „Ich stand da wie weiland Lots Frau als Salzsäule, du kannst dir das nicht vorstellen!“

Ihr Ehemann war offenbar nicht leicht zu erschüttern. „Warum hast du deine Gartenschere fallen gelassen, das wäre doch die ideale Verteidigungswaffe gewesen?“

Alle lachten. Das Ehepaar Kohlen berichtete dann weiter von der Suche nach dem passenden Haus für ihren Sohn und dessen Familie.

„Wissen Sie denn, wo dieses Haus stand?“

Das Ehepaar schüttelte den Kopf.

„Wir haben keine Ahnung. Ich nehme an, von Wertkamp hat einen Makler beauftragt, ihm Objekte vorzuschlagen. Aber welcher Makler das war, wissen wir nicht. Von Wertkamp sagte nur, dass die Lage stimme – was auch immer das heißen mag. Ein Objekt in Gonsenheim oder in der Oberstadt oder hier in Drais? Bei einem Feng-Shui-Experten kann der Begriff „Lage“ sich wahrscheinlich auch auf die Ausrichtung der Dachbalken oder die Himmelsrichtung des Kinderzimmers beziehen, wer weiß das schon!"

Tanja warf einen Blick auf ihre Uhr. Es war schon nach 12 Uhr. „Leider haben wir noch zu tun. Dürfen wir uns an Sie wenden, wenn wir noch Fragen haben?"

Das Ehepaar Kohlen nickte, Herr Kohlen brachte die beiden Frauen zur Gartentür. „Sicher ist sicher, nicht, dass Sie noch einmal versuchen, in unser Haus einzubrechen", scherzte er.

Tanja fasste die bisherigen Ergebnisse ihrer Untersuchungen zusammen: „Wir haben einen toten Feng-Shui-Berater, eine Witwe, die davon ausgeht, dass er ermordet worden ist und zugleich keine Ahnung über die laufenden Projekte ihres Mannes hat. Daniel von Wertkamp hätte auch Priester werden können, so verschwiegen wie der mit seinen Informationen umging. Noch nicht einmal seine Frau weiß Bescheid. Aber das heißt noch lange nicht, dass er ermordet wurde."

„Hm", stimmte Pia, wie üblich kurz angebunden, zu.

Tanja knabberte an ihrer Unterlippe, während Pia den Wagen in Richtung Mainz lenkte. Obstbäume säumten den Weg, die Draiser lebten wirklich in einer Idylle.

„Wir könnten natürlich anfangen, alle Makler in Mainz durchzutelefonieren. Irgendjemand muss ja Daniel von Wertkamp geeignete Objekte vorgeschlagen haben. Aber wohin soll das führen? Und was machen wir mit den Informationen? Hat ein Hausbesitzer den Experten ermordet, weil seine Bude nicht Feng-Shui-gerecht gebaut wurde? Das klingt doch absurd. Wir werden der Witwe mitteilen, dass wir nicht von einem Mord ausgehen. Was hat eigentlich die Autopsie ergeben? Da müsste doch ein Kollege mit dabei gewesen sein?"

„Check ich", stellte Pia klar.

Im Polizeipräsidium trafen sich Pia und Tanja mit dem Kollegen, der der rechtsmedizinischen Untersuchung der Leiche Daniel von Wertkamps als polizeilicher Beobachter beigewohnt hatte. Die Autopsie hatte keinerlei Hinweise auf einen Mord ergeben. Die Untersuchung hatte allerdings gezeigt, dass der Tote einen schweren Leberschaden hatte, der unbehandelt tödliche Folgen gehabt hätte. Todesursache waren jedoch die Verletzungen, die er sich beim Frontalzusammenstoß seines Autos mit einem Baum zugezogen hatte.

„Der Gutachter meint, dass der Wagen mindestens 110 km/h draufhatte, als der Hinterreifen geplatzt ist."

Pia nickte. „Mmh!"

Ihr Kollege lächelte, er kannte Pia gut. „Gern geschehen! Wenn du magst, können wir ja mal bei Gelegenheit einen Kaffee in der Kantine trinken."

Pia runzelte die Stirn.

„Na ja, wenn du Zeit hast. Melde dich einfach."

Pia zog ihre Augenbrauen kurz hoch. Sollte das etwa ein Annäherungsversuch sein? Ihr „Hm" als Antwort kam mit etwas Verzögerung und klang leicht überrascht. Der Kollege lächelte wieder. „Also, ich würde mich freuen!"

„Der mag dich", stellte Tanja fest, als sie wieder in ihrem Büro waren. Sie wunderte sich nicht, dass Pia darauf nicht antwortete. Nicht einmal mit einem „Hm".

Tanja hatte die Aufgabe übernommen, Andrea von Wertkamp mitzuteilen, dass es keine Anhaltspunkte für ein Verbrechen an ihrem Ehemann gab und dass die Leiche freigegeben war. Sie entschloss sich, auf gut Glück persönlich bei der Witwe vorbeizufahren. Sie hatte keine Lust auf ein Mittagessen in der Kantine, außerdem war sie auch ein bisschen neugierig auf die Wohnung des bekannten Feng-Shui-Beraters. Sie nahm ihr Fahrrad und radelte vom Polizeipräsidium aus zum Zollhafen. Andrea von Wertkamp ließ sich die Überraschung über Tanjas Besuch nicht anmerken. Sie führte Tanja in ein Wohnzimmer mit einem phantastischen Ausblick auf den Fluss und stellte der Kommissarin ihre beiden Töchter vor, die am Vorabend aus den USA angereist waren.

Nike und Viktoria von Wertkamp saßen auf dem grauen Ledersofa und wirkten wie Bestandteile eines Feng-Shui-Konzepts. Es schien, als ob das Sofa nur darauf gewartet hätte, dass sich diese schlanken, hochgewachsenen, blonden Mädchen genau in diesem Abstand zueinander und mit dieser bestimmten Haltung ihrer langen Beine auf das Möbel setzen würden. Fast kam es Tanja wie ein Verstoß gegen die Inneneinrichtung vor, als die Geschwister wohlerzogen aufstanden, um sie zu begrüßen. Tanja schüttelte zwei erstaunlich kühle Hände und nahm dann auf einem zierlichen Designersessel Platz, den ihr Andrea angeboten hatte. Höflich hörten Mutter und Töchter den Erläuterungen der Kommissarin zu. Die Töchter stellten Fragen zum Unfallhergang und zum Ergebnis der rechtsmedizinischen Untersuchung. Andrea zeigte sich zwar enttäuscht darüber, dass keine Ermittlungen fortgesetzt würden, dankte aber für die Bemühungen der Polizei. Tanja versprach, bei neuen Anhaltspunkten die Ermittlungen wieder aufzunehmen.

„Ach, noch eine Frage, es ist mir etwas unangenehm, sie zu stellen: Hatte Ihr Mann ein Alkoholproblem?“

Die Töchter zuckten zusammen, Andrea von Wertkamp hob nur leicht die Augenbrauen. „Daniel trank gern ein Glas Wein zum Essen. Am Wochenende gönnten wir uns regelmäßig einen Sundowner auf der Terrasse. Als Alkoholismus würde ich das nicht bezeichnen. Wie kommen Sie auf Ihre Frage?“

„Die rechtsmedizinische Untersuchung hat herausgefunden, dass seine Leber geschädigt war. Wussten Sie davon?"

Andrea von Wertkamp schüttelte den Kopf. „Ich höre zum ersten Mal davon. Ich bezweifle auch, dass Daniel davon wusste, sonst hätte er es mir sicher gesagt. Ist das nun noch von Belang?"

Tanja verneinte. „Todesursache waren die Verletzungen, die er sich in der Folge des Autounfalls zugezogen hatte."

Tanja stellte noch weitere Fragen, die die Familie beantwortete. Tanja nahm an, dass die Wertkamps enttäuscht waren, dass es keine Ermittlungen geben würde. Als sie die Wohnung schließlich verließ und zurück ins Polizeipräsidium radelte, rätselte sie darüber, was ihr bei dem Besuch in der eleganten Penthouse-Wohnung merkwürdig vorgekommen war. Weder die Mutter noch die Töchter hatten sich während des Besuchs berührt. Sie war immerhin fast eine Stunde in der Wohnung gewesen und nicht einmal hatte ein Familienmitglied einem anderen die Hand auf die Schulter gelegt oder sich gar umarmt. Selbst als Andrea von Wertkamp ihren Töchtern Tee eingegossen hatte, war es zu keiner Berührung gekommen. Und trotzdem war es ganz klar gewesen, dass diese Menschen zueinander gehörten. In der Wohnung war es Tanja etwas zu kühl gewesen. Sie hatte leicht gefroren. Im Rückblick war ihr nicht klar, ob das an der frischen Luft lag, die durch die weitgeöffneten Fenster durch den Raum strömte, oder an den Menschen, die in diesem edlen Ambiente lebten. Der Abstand zwischen ihnen erlaubte es dem Wind, zwischen ihnen hindurchzufließen. Er trennte und verband sie zugleich. Hatte er zwischen ihnen getanzt? Wie das Chi, von dem Susanne ihr nach dem Gespräch mit Andrea von Wertkamp erzählt hatte?

Oder war es so, dass die Kühle, die sie gespürt hatte, die Abwehr gegen sie als Kommissarin gewesen war? Sie war uneingeladen in das Reich der von Wertkamps eingedrungen. Die Familie hatte ihr keine Chance gegeben, sich ihr noch weiter zu nähern. Selbst als sie die provozierende Frage nach dem Alkoholkonsum des Toten gestellt hatte, war niemand aus der Rolle gefallen. Die Töchter hatten nur leicht gezuckt. War das die Reaktion auf eine unverschämte Frage oder das Eingeständnis eines familiären Problems?

Vielleicht wäre es eine gute Idee, ihre Gedanken mit einem unabhängigen Menschen zu sortieren. Arne war gerade zu Besuch bei Tanja in Mainz. Sie würde sich bei nächster Gelegenheit mit ihrem ehemaligen Kollegen austauschen.

Als sie in ihr Büro kam, saß Pia bereits an ihrem Schreibtisch und sortierte Akten. Das Telefon klingelte.

„Gehst du ran?"

Pia schüttelte den Kopf, Tanja nahm ab. Sie notierte sich einige Angaben auf einem Zettel. Dann griff sie nach ihrer Handtasche. Pia schaute sie fragend an. „Wir haben eine Tote. In Hechtsheim."

Pia nickte und packte ihre Sachen zusammen.

„Hm?", fragte Pia, als sie über die Autobahn Richtung Hechtsheim fuhren.

„Ein Hausbesitzer hat die Maklerin, die er mit dem Verkauf seines Anwesens beauftragt hatte, tot am Fuß der Kellertreppe gefunden. Er hat gleich die Polizei gerufen. Möglicherweise ist es auch nur ein Unfall. Die Ärztin ist schon unterwegs, wir dürften also bald wissen, woran wir sind."

Das Anwesen, in dem die tote Maklerin gefunden worden war, lag auf der Frankenhöhe.

„Postmodern", befand Pia beim Anblick der spitzen Gauben und Sprossenfenster. Tanja staunte über Pias Architekturkenntnisse. Sie hatte nicht geahnt, dass ihre Kollegin sich für Baugeschichte interessierte.

„Mag ich nicht, voll achtziger", ergänzte Pia und rümpfte die Nase. Tanja fand das Haus auch nicht sonderlich attraktiv, aber die Lage war sehr gut und sicher gab es viele Interessenten für das Objekt.

Tanja und Pia grüßten den Polizisten, der vor dem Gebäude stand, und betraten das Haus. Wahrscheinlich, so mutmaßte Tanja, war der Architekt ein drogensüchtiger Liebhaber französischer Schlösser gewesen, der einen fatalen Hang zu Treppen hatte. Überall Treppen! Tanja fühlte sich an Bilder des Künstlers MC Escher erinnert, in denen Menschen auf niemals endenden Treppen liefen, obgleich das technisch eigentlich gar nicht möglich war. Eventuell war der Architekt ein Nachfahre des Malers? Das würde vieles erklären. Vom Entree aus führte eine Treppe ins Obergeschoss, eine zweite zu einer Galerie, von wo aus eine weitere Treppe zu einer anderen Ebene führte. Bodentiefe Sprossenfenster versuchten, dem Ganzen einen großzügigen Ausdruck zu verpassen.

„Vielleicht ist die Maklerin an einer Überdosis Treppen gestorben?", flüsterte Tanja Pia ins Ohr. Sie ahnte nicht, wie nah sie der Wahrheit mit ihrem Scherz gekommen war.

„Bitte hier entlang!" Eine Polizistin wies den Kommissarinnen den Weg zu der Kellertreppe, an deren Fuß die Leiche lag. Pia und Tanja hatten sich Plastikschoner über die Schuhe gezogen, Handschuhe übergestreift sowie einen Mundschutz angelegt. Vorsichtig gingen sie nach unten. Dort war schon die Untersuchung der Leiche im Gange. Die Ärztin blickte auf.

„Ach, Sie sind es! Hat Ihr Kollege Urlaub?"

Tanja schüttelte den Kopf. „Er arbeitet jetzt in Berlin. Das ist meine neue Kollegin."

Die Ärztin nickte Pia freundlich zu. „Auf gute Zusammenarbeit. Mit der wir gleich beginnen können. Die Frau hier ist an einem Genickbruch gestorben. Wahrscheinlich ist das mindestens drei Tage her, Genaueres nach der Autopsie. Wir haben Glück, dank des kühlen Kellers ist der Geruch noch halbwegs erträglich. Mit höchster Wahrscheinlichkeit ist der Genickbruch Folge des Sturzes auf dieser Treppe. Aber irgendwie gefällt mir das Ganze nicht. Wenn die Tote eine alte Frau wäre, würde es mich nicht wundern. Leider kommt es recht häufig vor, dass ein älterer Mensch das Gleichgewicht verliert und auf der Kellertreppe stürzt. Aber diese Frau hier ist noch jung, keine vierzig Jahre alt, schätze ich. Sie wirkt so, als ob sie sich gut in Form gehalten hätte. Sie ist nicht überschlank, dann hätte es ein Kreislaufproblem sein können, aber auch nicht zu dick. Bestimmt hatte sie kein Blutdruckproblem. Außerdem trägt sie keine High Heels, sondern flache bequeme Schuhe. Wieso stolpert sie auf dieser Kellertreppe? Und warum gelingt es ihr nicht, sich abzufangen in dem Moment, als sie ins Stolpern kommt? Dann hätte sie sich vielleicht eine Schramme geholt, im schlimmsten Fall einen Knochenbruch oder eine gerissene Sehne. Aber sie stürzt und bricht sich das Genick."

Tanja und Pia betrachteten die Tote. Eine gewiss vor ihrem Tod attraktive Frau mit langen, blonden, im Nacken zu einem Knoten locker zusammengesteckten Haaren. Die Tote lag in einer großen Blutlache. Der unnatürliche Winkel von Hals und Kopf zeigte die Todesursache an. Die Frau war sportlich-chic gekleidet mit einer weißen Hose, leichtem weißen Sommerblazer und einem rosa Poloshirt. Ihre Augen blickten starr, ihre Gesichtszüge zeigten einen erstaunten Ausdruck, so als ob sie selbst nicht fassen könnte, was ihr gerade zugestoßen war.

„Wann könnten Sie sie drannehmen?“, fragte Tanja.

„Gleich um drei – wenn Ihnen das passt?“, entgegnete die Ärztin.

„Passt!“, meinte Pia.

„Willst du das übernehmen?“, fragte Tanja. Pia nickte.

„Wo ist der Mann, der die Tote gefunden hat?“, erkundigte sich Tanja.

„Der Hausbesitzer, Herr Schreiber, wartet im Wohnzimmer“, informierte die Polizistin, die hinter den Kommissarinnen auf der Kellertreppe gestanden hatte.

„Dann wollen wir mal hören, was er zu erzählen hat.“

Tanja und Pia verabschiedeten sich von der Ärztin.

Die packte ihre Sachen zusammen. „Die Spurensicherung sollte gleich loslegen. Die Leiche muss dann so schnell wie möglich zu mir in die Rechtsmedizin, danke!“

Tanja und Pia gingen die Kellertreppe nach oben und dann ins Wohnzimmer des Hauses. Auf einem verschnörkelten und vergoldeten Stuhl mit Tapisseriepolster saß ein großgewachsener, schlaksiger Mittfünfziger mit blondem, zerzausten Lockenschopf und freundlichen Augen, die allerdings gerade sehr betrübt blickten. Merkwürdigerweise war der völlig deplatziert wirkende Stuhl das einzige Möbelstück im Raum. Der schlanke Mann erhob sich, als die Kommissarinnen auf ihn zukamen.

„Michael Schreiber“, stellte er sich vor. „Finden Sie nicht auch, dass einen die Treppen in diesem Haus ganz verrückt machen? Mein Onkel, der dieses Haus gebaut hat, fand Treppen chic. Ich fand das Haus schon immer gruselig! Heute bauen alle seniorengerecht, davon ist dieses Haus dank der

Treppen Lichtjahre entfernt! Und dann noch dieser schreckliche Unfall!"

„Wer ist denn die Tote? Und woher wissen Sie, dass es ein Unfall war?"

„Ja, ist es denn kein Unfall? Die arme Frau Just! Maike Just, sie ist Maklerin und ich hatte ihr den Auftrag gegeben, dieses Haus nach dem Tod meines Onkels zu verkaufen. Heute Morgen wollte sie mit mir die bisherigen Angebote besprechen. Als ich sie in ihrem Büro nicht erreicht habe, bin ich hierhergefahren und habe sie dann im Keller gefunden. Ziemlich schockierend. Ehrlich gesagt, habe ich noch nie eine Leiche gesehen." Michael Schreiber schluckte. „Und dieser Geruch! Mir ist richtig schlecht geworden." Bei der Erinnerung daran bekam der Mann eine blasse Gesichtsfarbe.

Tanja fürchtete, dass er sich gleich übergeben könnte. Sie versuchte, ihn mit einer Frage abzulenken. „Wissen Sie denn, mit wem sich Frau Just gestern zu einer Hausbesichtigung verabredet hat?"

Schreiber schüttelte den Kopf. „Keine Ahnung. Es gab natürlich Interessenten, bei dieser Lage. Der Preis ist ziemlich hoch, was den Interessentenkreis etwas einschränkt, aber ich bin ja nicht der einzige Erbe. Und meine raffgierige Cousine Beate will rausholen, was rauszuholen ist. Ehrlich gesagt bin ich aber auch nicht sauer über eine Finanzspritze, meine Scheidung war ziemlich teuer und … ach, ist ja auch egal. Jedenfalls: Keine Ahnung, wen sie gestern hier getroffen hat. Als ich heute Mittag kam, war jedenfalls niemand da. Die Haustür war nicht abgeschlossen, nur zugezogen. Ich war da erst mal sauer, dass sie nicht ordentlich zugeschlossen hat. Bis ich sie dann – na ja, das habe ich ja schon erzählt. Ich bin die Treppe runter und habe dann aber gleich gesehen, dass es da nichts mehr zu helfen gab. Am schlimmsten waren … diese Fliegen …".

Michael Schreiber presste sich die Hand auf den Mund und rannte in Richtung der Toilette. Pia und Tanja hörten Würgegeräusche.

„Die erste Leiche!“, meinte Pia mitfühlend.

Kurz darauf kam Michael Schreiber zurück. Er wirkte noch etwas mitgenommen. „Entschuldigen Sie, das ist alles wirklich ziemlich schrecklich!“

„Machen Sie sich keine Gedanken, das geht vielen Menschen so wie Ihnen!“, sagte Tanja tröstend. „Am besten nehmen Sie sich heute mal etwas Zeit, gehen Sie nach Hause, nehmen Sie eine Dusche, gehen Sie spazieren – Hauptsache, es bringt Sie auf andere Gedanken. Wir brauchen die Hausschlüssel, das Haus wird jetzt erst einmal versiegelt. Wir melden uns bei Ihnen, sobald Sie wieder reinkönnen. Sie müssten dann auch noch mal ins Präsidium, damit wir Ihre Aussage aufnehmen können. Dafür melden wir uns aber bei Ihnen. Bitte geben Sie unserem Kollegen dort an der Tür all ihre Kontaktdaten. Ach ja – und haben Sie die Kontaktdaten von Frau Just?“

Michael Schreiber schüttelte den Kopf. „Im Moment weiß ich gar nichts, alles wie leer. Tut mir wirklich leid!“ Er sah mit seinem Lockenkopf aus wie ein großer betrübter blonder Pudel.

Pia musste unwillkürlich lächeln. „Schlüssel, bitte“, sagte sie freundlich und hielt dem Mann die Hand hin. Folgsam kramte er in seiner Jackentasche, beförderte ein Schlüsselbund heraus und legte diesen in die ausgestreckte Hand der Kommissarin.

„Auf Wiedersehen“, verabschiedete sich Tanja. „Bitte geben Sie uns Bescheid, wenn Sie eine Urlaubsreise planen und wir Sie nicht erreichen können.“

Schreiber schüttelte den Kopf. „Ich bin in der nächsten

Zeit hier in Mainz und plane nichts, Sie können mich jederzeit erreichen." Er holte sein Portemonnaie heraus, fischte eine Karte heraus und gab sie Pia. „Bitte schön."

Pia revanchierte sich mit ihrer Karte.

„Wenn Ihnen noch etwas einfällt, melden Sie sich bitte", sagte Tanja an Pias Stelle.

Der Polizist geleitete Michael Schreiber aus dem Haus. Dann kam er mit einer lindgrünen Aktentasche zurück. „Die Spurensicherung sagt, Sie können sich nehmen, was Sie brauchen."

„Oh, danke!" Tanja war begeistert. „Das ist gut. Schauen wir mal, was wir haben." Die beiden Frauen zogen sich wieder Handschuhe über und sichteten den Inhalt der Tasche.

Tanja listete auf: „Portemonnaie, Schlüssel, Taschentücher, Kamm, Schminkspiegel."

„Kein Smartphone", konstatierte Pia

„Eine Maklerin ohne Smartphone. Sehr merkwürdig", stimmte Tanja zu. Zum Polizisten gewandt fragte sie „Hatte die Tote ein Smartphone einstecken?"

„Ich frage mal nach." Wenige Minuten später kam der Beamte zurück. „Nein, da war kein Smartphone bei der Leiche."

Pia und Tanja schauten sich an.

„Mord!", konstatierte Pia.

Tanja nickte. „Dann werden wir beide uns mal die Wohnung und das Büro der Dame ansehen! Womit fangen wir an? Um drei musst du in der Rechtsmedizin sein."

„Büro", entschied Pia.

„Aber zuvor müssen wir noch nähere Angaben zu dem Opfer herausfinden. Hat sie einen Ehemann oder einen Lebensgefährten? Oder Eltern, die benachrichtigt werden müssen?"

Der Polizist, der eben die Tasche gebracht hatte, mischte sich in ihr Gespräch ein. „Frau Just war geschieden. Ihr Exmann, Tobias Just, wohnt hier in Mainz, in Laubenheim. In ihrer Wohnung in der Oberstadt ist keine andere Person gemeldet. Ihre Eltern wohnen auf Mallorca." Er machte eine kurze Pause. „Wir dachten, wir nutzen die Zeit und recherchieren schon mal ein paar Fakten. Mehr konnten wir bisher leider nicht herausfinden." Er blickte bedauernd.

„Ich bitte Sie, das ist doch wunderbar! Haben Sie auch die Adressen?", freute sich Tanja.

„Selbstverständlich. Ich habe sie für Sie schon notiert." Der Polizist reichte Tanja einen Zettel. Pia pfiff anerkennend durch die Zähne.

„Wenn Sie wollen, informiere ich die Kollegen auf Mallorca und bitte um Übermittlung der Todesnachricht. Die machen das sicher nicht zum ersten Mal und haben im Zweifelsfall jemanden zur Verfügung, der deutsch spricht. Aber vielleicht sprechen die Eltern von Frau Just auch spanisch."

Tanja betrachtete den jungen Beamten aufmerksam. „Wie heißen Sie?"

„Leon Pracht", antwortete der Mann.

„Kollege Pracht, machen Sie so weiter! Das war richtig gute Arbeit!"

„Danke, Frau Schmidt!" Der junge Polizist wirkte ungerührt, nur eine ganz leicht aufsteigende Röte auf seinem Gesicht verriet, dass er sich über das Lob gefreut hatte.

„Es könnte natürlich auch ein Unfall sein", gab Tanja zu bedenken, als sie zum Büro von Maike Just in der Mainzer Altstadt fuhren. „Jemand besichtigt mit der Just das Haus, kommt auf der Treppe ins Stolpern, reißt sie mit sich und sie fällt unglücklich, die Person gerät in Panik, nimmt das Smartphone der Maklerin an sich und verlässt das Gebäude."

„Glaub ich nicht", antwortete Pia.

„Ich auch nicht", gab Tanja zu. „Oder sie hat ihr Smartphone im Büro vergessen."

„Pff", entgegnete Pia zweifelnd.

„Nun, wir werden es gleich sehen."

Die Kommissarinnen parkten ihren Wagen in der Garage der Polizeiinspektion in der Weißliliengasse und liefen in Richtung Augustinergasse.

„Hier rechts geht's übrigens zum neuen Friseur von Susanne", informierte Tanja Pia. „Seitdem sie bei ihm ist, hat sie meistens gute Laune. Und ständig eine neue Haarfarbe. Wirklich verwirrend. Neulich hat sie mich gefragt, was ich von Rosa halte. Rosa! Eine der Friseurinnen im Laden hat offenbar gerade rosa Haare. Ich habe ihr dringend abgeraten. Stell dir mal vor, du bist bei einer Beerdigung und die Pfarrerin hat rosa Haare. Ich finde, das geht gar nicht!"

Pia schmunzelte.

Kurz darauf standen sie vor dem Haus in der Augustinerstraße, in dem sich das Büro von Maike Just befand. Aus dem lindgrün grundierten Schaukasten am Haus lächelte ihnen Maike Just entgegen, lässig an eine Schreibtischkante gelehnt.

„Just-Immobilien. Vermietung, Vermittlung, Verkauf, Homestaging. Alles aus einer Hand! Maike Just – die Maklerin auch für Ihre Immobilie!" verkündete der Schaukasten. Bilder aktueller Immobilienangebote fanden sich unter dem Schriftzug und dem Foto der Maklerin.

Pia suchte den Schlüsselbund aus der Handtasche der Toten heraus und probierte einen Schlüssel. Auf Anhieb hatte sie Glück. Die Haustür öffnete sich. Pia und Tanja entdeckten im Flur eine Anzahl Briefkästen. Der Briefkasten von

Maike Just stach schon deshalb hervor, weil einige Umschläge die Klappe des Briefkastens hochdrückten.

Pia öffnete den Briefkasten und nahm einen Stapel Briefe heraus. Sie blätterte die Post durch. „Das meiste sieht nach Rechnungen und Werbung aus."

Das Büro lag im ersten Stock des Hauses. Über eine dekorative Treppe gingen die beiden Kommissarinnen nach oben.

„Das Geschäft schien für Maike Just gut zu laufen", bemerkte Tanja. „Ein Büro in bester Lage, in der Bel Etage – was will man mehr!"

Der Haustürschlüssel passte auch zur Bürotür. Tanja und Pia zogen sich Schutzüberzüge über ihre Schuhe und streiften Handschuhe über. Das Büro war nicht groß: ein Raum, dazu ein Bad und eine kleine Küche. Die Einrichtung ließ den kleinen Raum jedoch großzügig wirken. Das lag zum einen an den hohen Decken, zum anderen an der raffinierten Farbgestaltung. Eine Wand war ganz in lindgrün gehalten – offenbar die Erkennungsfarbe der Maklerin. Davor stand ein ungewöhnlicher Schreibtisch als Blickfang. Eine lindgrüne, semitransparente Glasplatte ruhte auf zwei Holzschubladenelementen. Darauf ein lindgrüner Laptop und eine graue, schlichte Schreibtischlampe aus Metall. Eine weitere Wand war ganz mit Immobilienangeboten tapeziert, davor standen ein kleiner, runder Metalltisch mit drei lindgrünen Design-Stühlen. Auf einem Sideboard, wahrscheinlich mit den Akten der Maklerin bestückt, stand eine Bambuspflanze im Töpfchen. Sonst gab es keine Deko-Elemente in dem Büro, das frisch und einladend wirkte. Das kleine Bad war mit einer Dusche und einer Toilette mit lindgrüner Toilettenbrille und einem lindgrünen Waschbecken bestückt. In der Küche war alles in Weiß gehalten.

Im Flur standen ein schwarzer Farbdrucker und eine

schlichte weiße Garderobe. Tanja öffnete das unverschlossene Sideboard. „Rechtssammlungen und die Steuerunterlagen der vergangenen Jahre, hier ein Ordner mit abgeschlossenen Vermittlungen“, informierte sie Pia. „Und hier ist eine verschlossene Kassette.“

Pia hob die Kassette aus dem Sideboard und schüttelte sie ein bisschen. „Schlüssel“, befand sie.

„Wahrscheinlich Schlüssel der Objekte, die sie zu betreuen oder zu vermitteln hatte“, sagte Tanja.

Der Laptop war durch ein Passwort geschützt. Vorsichtig ließ Pia das Gerät in eine durchsichtige Plastikhülle gleiten.

„Bringst du den noch ins Präsidium, bevor du in die Rechtsmedizin fährst? Die Kollegen können den Laptop bestimmt knacken.“

Pia nickte.

Tanja schaute auf die Uhr. „Du musst jetzt los. Soll ich mir schon mal allein die Wohnung vornehmen?“

„Nein! Nicht allein!“ Pia war sehr entschieden.

Tanja gab klein bei. „Schon gut, ich weiß ja, keine Alleingänge. Allerdings habe ich schon das Gefühl, als ob wir uns dringend die Wohnung der Toten anschauen sollten.“

Tanja sah sich nochmal in dem Büro um. „Hier werden wir nichts mehr finden, das Interessanteste ist sicher auf dem Laptop. Ich mache eine kurze Pause und springe bei Susanne vorbei, die wohnt ja hier um die Ecke. Ruf mich doch nach der Autopsie an, dann können wir uns gemeinsam die Wohnung vornehmen.“

Tanja traf Susanne und Arne beim Kaffeetrinken an. Tanja kam es so vor, als ob Susanne die Kuchenplatte auf dem Tisch etwas peinlich wäre, denn sie trug sie schnell in die Küche, vorgeblich, um Platz für Tanja zu schaffen. Tanja hatte gleich erklärt, nichts essen zu wollen. „Wahrscheinlich werde ich irgendwann in dieser Schwangerschaft noch wie ein Scheunendrescher futtern, aber gerade eben bin ich nur froh, wenn mir nicht ständig schlecht ist."

„Ich esse so, als ob ich schwanger wäre und nicht du", erklärte Susanne schuldbewusst.

„Du kannst ja nachlegen, eine doppelte Schwangerschaft wäre doch wunderbar!", meinte Tanja. „Wir könnten gemeinsam die Kinderwagen durch Mainz schieben und später versonnen auf dem Spielplatz unseren lieben Kleinen dabei zusehen, wie sie sich gegenseitig die Sandschäufelchen um die Ohren hauen."

Susannes Gesichtszüge verdüsterten sich kurzfristig.

„Lieber jetzt noch nicht", erklärte Arne unbefangen. „Das ist doch ungünstig, gerade mit Berlin. Wenn sich alles beruflich eingespielt hat, sehen wir weiter."

„Wenn sich alles eingespielt hat … das kann ja dauern!", brach es aus Susanne heraus. „In der Bibel hat´s bei Sarah und Abraham mit über neunzig Jahren noch funktioniert, warum nicht auch bei uns?"

Sie bemühte sich um einen witzigen Ton, aber irgendwie klang sie nicht lustig. Arne fiel das nicht auf, denn er hatte gerade eine Teekanne vom Stövchen geholt und sich Tanja zugewandt.

„Tee hilft bestimmt bei Übelkeit in der Schwangerschaft", sagte er fürsorglich. „Du könntest dich auch krankschreiben lassen!"

„Um Gottes Willen, da langweile ich mich ja zu Tode!"

Tanja trank einen Schluck Tee und plauderte noch einen kurzen Moment mit Susanne und Arne. Dann stand sie auf.

„Ich muss los, wir haben einen neuen Mord. Jedenfalls sieht es ganz danach aus. Also, ihr beiden Turteltäubchen, bleibt am Ball mit den Babyplänen, sonst wird das nichts mit gemeinsamen Spielplatz-Abenteuern!“

Susanne brachte ihre Freundin noch an die Wohnungstür. „Pass auf dich auf. Oder besser: Pass auf euch beide auf! Ich muss übrigens jetzt auch gleich los, Dienstbesprechung. Arne muss sehen, wie er jetzt die nächsten beiden Stunden alleine klarkommt.“

Tanja hatte plötzlich eine Idee. „Leihst du mir deinen Freund in diesen beiden Stunden aus?“

Susanne war sichtbar irritiert.

„Keine Angst, nur für eine Ermittlung!“

Bevor Susanne recht begriffen hatte, worum es eigentlich ging, war Tanja schon zurück ins Wohnzimmer geeilt. „Sag mal, Arne, hättest du nicht Lust, noch mal richtige Mainzer Polizeiarbeit zu leisten und mit mir die Wohnung des Opfers in der Göttelmannstraße zu durchsuchen? Pia ist in der Rechtsmedizin und lässt mich nicht alleine los. Wenn ich mit dir hinfahre, wäre sie bestimmt einverstanden. Wir müssen der Klaas-Selzer ja nicht auf die Nase binden, wer bei der Durchsuchung dabei war. Und außerdem bist du ja noch ein ordentlicher Staatsbeamter. Also: Was meinst du?“

Arne zögerte nicht. „Klar, ich bin dabei! Das dreckige Geschirr kann warten. Aber ruf bitte Pia an und frag sie, ob es ihr wirklich recht ist.“

Tanja erreichte Pia gerade noch rechtzeitig vor Beginn der Autopsie. Ihre Kollegin war einverstanden.

Arne und Tanja entschieden sich, den Weg bis zur Göttelmannstraße mit den Fahrrädern zurückzulegen. Tanja genoss die Fahrt mit Arne in die Oberstadt.

„Ganz schön idyllisch gelegen, direkt am Volkspark“, meinte Arne, als sie vor dem Haus standen, in dem sich die

Wohnung der Maklerin befand. Er studierte das Klingelschild. „Sie hatte wohl die Wohnung unterm Dach." Arne testete die Schlüssel des Schlüsselbundes. Beim dritten Versuch hatte er Erfolg.

„Da ist uns wohl jemand zuvorgekommen", sagte Arne mit Blick auf die Wohnungstür, die nur angelehnt war. Er zog sich Handschuhe über. Arne und Tanja blickten in die Wohnung. Im Flur lagen herausgerissene Schubladen mit ihrem verstreuten Inhalt auf dem Boden.

„Ich rufe die Spurensicherung", sagte Tanja. „Da gehen wir erst gar nicht rein." Eine Viertelstunde später war die Spurensicherung vor Ort.

„Heute werden wir ganz schön auf Trab gehalten", scherzte einer der Männer. „Machst du das extra, Tanja? Und wen sehen wir denn da? Arne! Bist du wieder zurück aus Berlin?"

„Nein, ich leiste Amtshilfe während meines Urlaubs. Ein Beamter ist doch immer im Dienst, oder?"

Kurze Zeit, nachdem die Spurensicherung ihre Arbeit aufgenommen hatte, durften auch Arne und Tanja die Wohnung durchsuchen. Sie zogen sich Überzüge über ihre Schuhe und streiften sich Handschuhe über. In der Wohnung herrschte das typische Chaos nach einem Einbruchsdelikt. Arne und Tanja sichteten die drei Zimmer der luftigen Dachgeschosswohnung, die durch ihre Fenster einen Blick sowohl ins Grüne des Volksparks als auch auf die umliegenden Häuser der Göttelmannstraße bot.

„Schau mal!" Tanja wies auf ein Schmuckkästchen im Schlafzimmer, dessen Fächer herausgezogen worden waren. „Da sind noch Schmuckstücke drin. Das ist doch komisch für einen Einbruch! Ein Einbrecher hätte doch diese Goldringe mitgenommen! Oder diese Ohrstecker, die sehen nach echten Diamanten aus!“ Tanja nahm vorsichtig eines der Schmuckstücke in die Hand. „Das sieht richtig wertvoll aus! Und hier!“ Sie legte den Ring zurück und hob eine Uhr vom Boden auf. „Das ist eine Omega! Offensichtlich aus Gold! Die lässt doch kein normaler Einbrecher liegen!“

Arne nahm die Uhr und betrachtete sie. „Vielleicht stand der Einbrecher eher auf Rolex. Aber im Ernst – das ist wirklich merkwürdig.“

„Ein Einbrecher, der wertvolle Gegenstände liegen lässt – was lässt uns das vermuten?“

„Das er oder sie nach etwas anderem gesucht hat.“

„Und was könnte das sein?“

„Keine Ahnung, wir können nur hoffen, dass die Spurensicherung Erfolg hat.“

Tanjas Smartphone meldete sich. Es war Pia, die sich nach der Obduktion meldete. Die Ärztin hatte auffällige Hämatome am Rücken der Toten entdeckt, vermutlich hatte jemand Maike Just die Treppe heruntergestoßen. Todesursache war der Genickbruch gewesen. Der Todeszeitpunkt lag mindestens 72 Stunden zurück.

„Ich nehme an, der Mörder hatte noch einen Plan B, falls der Treppensturz nicht ausreichend gewesen wäre“, merkte Tanja an. „Ich schlage vor, wir treffen uns im Präsidium und entscheiden dann, wie wir weiter vorgehen.“

Arne hatte sich während Tanjas Telefongespräch weiter im Zimmer umgesehen. Als Tanja ihr Smartphone wieder verstaut hatte, zeigte Arne auf mehrere leere Fotorahmen, die auf dem Boden lagen. „Schau mal, das ist doch ungewöhnlich. In keinem dieser Rahmen ist ein Foto.“

„Vielleicht sind sie herausgefallen, das Glas ist doch zerbrochen.“

„Dann müssten sie hier irgendwo liegen. Hier sind aber keine Fotos."

„Vielleicht waren nie Fotos drin? Das sind doch sehr schöne Rahmen, die wirken irgendwie antik. Vielleicht sollten die so für sich stehen."

„Das ist doch Quatsch, bei fünf Fotorahmen! Das könnte ich mir bei einem vorstellen, nicht aber bei fünf! Sonst ist hier alles so geschmackvoll eingerichtet, da passen fünf leere Rahmen nicht ins Bild. Nein, ich glaube, da waren Fotos drin."

„Vielleicht waren da früher die Fotos von ihrem Exmann drin, die hat sie entfernt und noch keine neuen passenden Bilder gefunden."

„Möglich. Oder in den Rahmen waren Fotos von einer neuen Liebe."

„Und die hat der Mörder gesucht und gefunden?"

„Genau!"

Tanja und Arne verabschiedeten sich von dem Team der Spurensicherung und radelten zurück in die Altstadt.

„Wenn du mich noch mal brauchst, gib einfach Bescheid!", sagte Arne. „Mit dir arbeite ich doch immer bestens zusammen!"

„Ja, darauf komme ich gerne zurück. Das hat uns jetzt viel Zeit erspart, dass du eingesprungen bist. Ich melde mich bei Bedarf!" Tanja gab Arne Susannes Fahrrad zurück, holte ihr Auto aus der Garage am Weißlilienplatz und fuhr zum Polizeipräsidium in die Neustadt.

Tanja und Pia trafen sich im Polizeipräsidium und brachten sich gegenseitig auf den neuesten Stand. Pia rekapitulierte die Obduktion, Tanja erzählte von der Durchsuchung mit

Arne und den leeren Bilderrahmen. Dann sichtete sie Notizzettel auf ihrem Schreibtisch.

„Tobias Just wollte sich wohl eigentlich nicht von seiner Frau scheiden lassen. Das haben die Eltern dem jungen Polizeibeamten erzählt, der sie über den Tod ihrer Tochter informiert hat. Er hat um seine Ehe gekämpft – offensichtlich vergeblich. Das macht ihn nicht automatisch zum Täter, aber durchaus verdächtig“, berichtete sie Pia.

Die beiden Kommissarinnen entschieden sich deshalb, als Nächstes mit dem geschiedenen Ehemann der Maklerin zu sprechen und fuhren nach Laubenheim. Das Haus von Tobias Just wirkte von außen wenig einladend, ein ziemlich heruntergekommenes Haus im Stil der 1960er Jahre. Der Putz war sicher noch original aus der Bauzeit, die Fenster ebenso.

„Er hat sich offenbar nicht von seiner Exfrau beraten lassen“, meinte Tanja.

„Großes Potential“, merkte Pia an.

„Meinst du wirklich, dieses Haus hat Potential? Ich möchte gar nicht wissen, was dieses Haus für eine Energiebilanz hat. Aber vielleicht hast du recht. Im Moment würde der Mann wahrscheinlich noch für dieses Ding eine Menge Geld erzielen. Das Haus ist ja sogar freistehend.“

Pia und Tanja klingelten. Sofort öffnete ein Mann die Haustür, dem man gleich ansah, dass er geweint hatte. Tobias Just sah aus, als habe er sich den ganzen Tag buchstäblich die Haare gerauft. Seine Locken standen in alle Richtungen vom Kopf ab. Er trug ein schwarzes T-Shirt und schwarze Jeans. Obwohl er graue Haare hatte, wirkte er jünger, als er tatsächlich war. Die beiden Kommissarinnen wussten, dass er 49 Jahre alt war.

„Polizei?“, fragte er, gleich nachdem er die Tür geöffnet hatte.

Pia nickte.

„Wie kommen Sie darauf?“, fragte Tanja.

„Die Alternative wären die Zeugen Jehovas gewesen. Wer klingelt sonst zu zweit um diese Uhrzeit? Gerade wären mir allerdings die Zeugen Jehovas lieber, denn die kommen nicht, um mir zu sagen, dass meine Frau tot ist.“

Er drehte sich um und winkte den Kommissarinnen, ihm zu folgen. Pia und Tanja sahen sich etwas erstaunt an, taten dann aber, wie ihnen geheißen wurde. Pia schloss die Haustür hinter sich.

Tobias Just ging durch einen dunklen Flur, von dem Türen abgingen – wahrscheinlich Toilette und Küche – in ein helles Wohnzimmer mit Blick in einen nicht sehr gepflegten Garten. Er sank auf den Sessel einer schwarzen Leder-Couch-Garnitur, besann sich aber sofort, sprang auf und bot den Frauen den zweiten Sessel und das Sofa an.

„Entschuldigen Sie, ich bin völlig durcheinander. Möchten Sie etwas trinken? Kaffee? Wasser?“

„Ein Wasser wäre nett“, sagte Pia. Tanja schaute sie etwas erstaunt an.

„Gerne mit wenig Kohlensäure, es geht aber auch ganz ohne oder mit viel Spritz, ganz wie Sie haben“, ergänzte Pia.

Tanja kam aus dem Staunen nicht heraus. Was war mit ihrer sonst so wortkargen Kollegin los?

„Und Sie?“ wandte sich der Mann an Tanja. „Möchten Sie auch etwas trinken?“

Tanja riss sich zusammen. „Ich schließe mich an.“

Tobias Just ging zurück in den Flur. Tanja und Pia hörten eine Tür quietschen, eine Schranktür wurde geöffnet, Gläser klirrten, dann kam der Mann mit einem Tablett, einer Flasche Mineralwasser und Gläsern zurück in das Wohnzimmer. Er schraubte die Flasche auf und schenkte allen ein. Dann setzte er sich wieder auf den Sessel.

„Meine Schwiegereltern haben mich angerufen, aus Mallorca. Ich konnte es nicht fassen. Ausgerechnet Maike! Sie sagten, die Todesursache stehe noch nicht fest, aber es könne ein Mord sein. Stimmt das? Ich kann es nicht glauben! Maike ermordet!“

„Fremdverschulden ist leider nicht auszuschließen“, erläuterte Pia.

„Wann haben Sie Ihre Exfrau zuletzt gesehen?“, erkundigte sich Tanja sachlich.

„Wer sollte Maike denn etwas zuleide tun? Sie ist so ein liebenswerter Mensch, so lebendig und lebensfroh, und …“, klagte Tobias Just.

„… jetzt ist sie tot“, ergänzte Tanja. „Wann haben Sie sie zum letzten Mal gesehen? Haben Sie einen Schlüssel zu ihrer Wohnung?“

Tobias Just schaute verwirrt, dann überkamen ihn wieder Tränen.

Pia lächelte sanftmütig. „Wir sind leider gezwungen, Ihnen solche Fragen zu stellen.“

„Zum Beispiel die Frage, wann Sie sie zum letzten Mal gesehen haben und ob Sie noch Schlüssel besitzen zu ihrer Wohnung in der Göttelmannstraße. Ach ja: Seit wann sind Sie eigentlich getrennt?“, fragte Tanja unfreundlich.

Pia reichte dem Mann ein Taschentuch. Tobias Just nahm dankbar das Taschentuch aus Pias Hand, schnäuzte sich ausgiebig und versuchte, seine Fassung wieder zu gewinnen.

„Wir sind seit Januar geschieden, seit Oktober 2017 getrennt. Ich sage gleich: Ich wollte die Scheidung nicht, für mich bleibt Maike meine Frau. Aber sie hat einen klaren Schlussstrich gezogen und ist im Oktober ausgezogen, Knall auf Fall. Sie hat mir gesagt, sie halte es hier mit mir nicht mehr aus, es liege nicht an mir, aber sie könne so nicht weiter machen. Sie hat nur ihren Koffer gepackt und ist weg. Ab in die Göttelmannstraße. Ihre Eltern waren genauso geschockt wie ich. Eigentlich hätte ich die Sache mit der Scheidung dann rausziehen können, drei Jahre lang. Aber ich wusste, dass sie dann den Kontakt zu mir völlig abbricht. Also habe ich zugestimmt, als der Richter mich gefragt hat, ob unsere Ehe tatsächlich zerrüttet ist. Seitdem haben wir einen lockeren Kontakt. Aber natürlich habe ich nicht den Schlüssel zu ihrer Wohnung. Sie hat zu Recht befürchtet, dass ich es am Ende nicht aushalte und jeden Tag im Wohnzimmer sitze, wenn Sie nach Hause kommt. Ihren Schlüssel hat ein Maklerkollege, mit dem sie befreundet ist. Giuseppe Engel. Fragen Sie den."

Tobias Just trank einen Schluck Wasser, die Schilderung hatte ihn erschöpft.

„Hatte Ihre Frau einen neuen Partner?", erkundigte sich Pia.

Er schüttelte den Kopf. „Ich habe keine Ahnung. Das habe ich mich auch gefragt. Auch, ob es vielleicht eine Partnerin ist. Sie hatte ja gesagt, ich habe keine Schuld. Aber mir hat sie nichts erzählt und ich habe auf meine Fragen keine Antwort bekommen. Sie hat nur gesagt, dass ihr Leben jetzt und die Zeit vorher mit mir nichts mehr miteinander zu tun hätten. Schön war das nicht. Immerhin waren wir zwölf Jahre verheiratet gewesen und fast fünfzehn Jahre zusammen." Er schluckte wieder, aber er riss sich zusammen.

„Sie haben sich damit abgefunden?" fragte Tanja skeptisch.

„Was hätte ich denn tun sollen? Sie kannten Maike nicht. Wenn sie sich etwas in ihren Kopf gesetzt hatte, dann hielt sie das auch durch. Ich habe sie ausgezahlt und ihr ihren

Anteil an diesem Haus überwiesen. Die Wohnung in der Göttelmannstraße hat sie schon vorher gekauft. Sie ist dann auch ziemlich schnell mit ihrem Büro aus Laubenheim in die Altstadt in diesen schicken Altbau gezogen. Ihr Büro lief plötzlich super, das war früher in schlechteren Jahren fast ein Zuschussgeschäft. Ich verdiene als ITler sehr gut, da war das während unserer Ehe kein Problem. Bei der Scheidung wurde aber klar, dass Maike finanziell ziemlich aufgeholt hatte. Bei der Scheidung musste sie ja die Karten auf den Tisch legen. Zumindest was ihre Finanzen betraf." Tobias Just verstummte.

„Der Kontakt zu ihren Eltern …?", fragte Pia vorsichtig.

„Das war so ein Problem. Ich kam mit Maikes Eltern sehr gut klar, die haben getrauert, als wir uns getrennt haben. In der Folge hat das die Beziehung zu Maike belastet, denn die Eltern haben ihr Vorwürfe gemacht. Sie haben auch Fragen gestellt, aber genauso wie ich keine Antworten bekommen. Jedenfalls hat Maike den Kontakt zu ihren Eltern zwar nicht abgebrochen, aber doch eingeschränkt. Offiziell hat sie das mit ihrer vielen Arbeit begründet und mit dem weiten Weg nach Mallorca. So richtig hat das aber nicht gestimmt, das wussten alle. Jetzt haben ihre Eltern alles verloren." Tobias Just schaute betrübt. „Die armen Leutchen. Ingrid und Hans-Dieter kommen morgen früh. Sie werden hier bei mir wohnen. Sie haben ja auch keinen Schlüssel für die Göttelmannstraße. Haben Sie den? Kann man schon in die Wohnung?"

Pia und Tanja schüttelten gleichzeitig den Kopf.

„Die Wohnung ist versiegelt", erklärte Tanja.

„Sie hatte sich so verändert", sinnierte Tobias Just. „Eine neue Frisur. Sie trug auch ganz andere Kleider als früher und hatte ihren modischen Geschmack komplett verändert. Aus dem Haus hier hat sie tatsächlich nur wenig mitgenommen, das meiste ihrer Kleidung hat sie zur Kleidersammlung der Kirchengemeinde gegeben. Von unseren Möbeln wollte sie auch nichts haben, dabei ist das alles ganz solide Qualität, gekauft für ein ganzes Eheleben."

Tanja dachte, dass der Mann so wirkte, als ob er selbst aus der Mode gekommen sei, ganz wie seine Qualitätsmöbel, die ebenfalls unmodern wirkten.

„Sie wissen also wirklich nicht, ob Ihre Exfrau einen neuen Partner oder eine neue Partnerin hatte?", hakte Tanja nach.

„Nein, wirklich nicht. Ehrlich gesagt, ich bin im Grunde auch nicht wirklich traurig, es nicht zu wissen."

„Warum?", fragte Pia.

„Na ja, dann hätte ich mich ja mit ihm oder ihr vergleichen müssen. Ich glaube, das hätte mein Elend hier nicht verbessert."

Tobias Just begleitete die Kommissarinnen durch den dunklen Flur nach draußen und verabschiedete sie.

Pia hielt ihr Gesicht in die Sonne. Nach dem düsteren Haus war der milde Sonnenschein des Abends regelrecht wohltuend.

„Irgendwie trägt das Haus Trauer, mit seinem Besitzer", meinte Tanja, als die beiden bei ihrem Auto ankamen.

Pia nickte.

„Guter Bulle, böser Bulle", neckte Tanja. „Ich wusste gar nicht, dass du das gern spielst und ausgerechnet die Gute sein willst."

Pia lächelte. „Glaubst du ihm?"

„Schon, er wirkt doch ziemlich authentisch – und du?"

„Ich glaube ihm kein Wort."

Tanja blinzelte in die Abendsonne. „Für heute machen

wir mal Schluss. Was meinst du? Morgen nehmen wir uns diesen Maklerkollegen vor."

„Hm."

Die beiden Frauen fuhren zurück zum Polizeipräsidium und verabschiedeten sich voneinander. Die Abendsonne schien immer noch verführerisch. Tanja überlegte. Wolfgang würde heute erst spät nach Hause kommen. Kurz entschlossen nahm sie ihr Fahrrad und radelte in die Altstadt.

Zu ihrer Überraschung traf Susanne Tanja mit Arne im Wohnzimmer an, als sie vom Frauenkreis zurückkam.

„Wie schön, dass du da bist!" Susanne umarmte ihre Freundin.

Tanja erzählte, dass sie am Mittag Andrea von Wertkamp besucht hatte.

„Was meinst du", fragte Susanne, „wäre es nicht eine gute Idee, Andrea zu einem netten Abend am Rhein einzuladen? Die Arme ist wirklich ziemlich fertig nach dem Tod ihres Mannes. Der Rheinstrand in Heidenfahrt wäre dafür doch der ideale Ort. Oder geht das nicht, weil du ermittelst, ob Daniel von Wertkamp ermordet worden ist?"

„Wir ermitteln nicht mehr, ich habe das Arne gerade erzählt und vorhin habe ich es deiner Freundin und ihren Töchtern persönlich mitgeteilt, begeistert waren sie nicht."

„Wenn du nicht ermittelst, ist ein gemeinsamer Abend doch unproblematisch, oder? Ich finde, die arme Andrea wirkt ziemlich verstört."

Tanja überlegte. „In der Tat. Irgendwie war die ganze Atmosphäre bei den Wertkamps wie eingefroren gewesen. Vielleicht tut ihr ein schöner Abend tatsächlich gut. Ich glaube nicht, dass es ein Problem ist, wenn wir zusammen ein Glas Wein am Rheinufer trinken. Jedenfalls, solange ich dabei keine Dienstgeheimnisse verrate. Sicherlich ist es sogar eine richtig gute Idee – Heidenfahrt bringt sie bestimmt auf andere Gedanken. Mir würde sogar der heutige Abend gut passen, euch auch?"

Arne nickte.

Statt einer Antwort fischte Susanne ihr Smartphone aus der Handtasche und rief Andrea an. „Vielleicht magst du mal auf andere Gedanken kommen. Arne, Tanja und ich wollen uns in Heidenfahrt auf ein Glas Wein treffen. Wenn du magst, kannst du mitkommen. Wir holen dich ab, wenn du willst. Im Auto ist noch ein Platz frei."

Andrea von Wertkamp zögerte nur kurz. „Ach, gerne!"

Arne feixte. „Prima, dann lerne ich dein Schneewittchen aus alten Schulzeiten auch mal persönlich kennen. Bisher war mir ein Schneewittchen nur aus Grimms Märchen bekannt."

Tanja lächelte Arne an; sie mochte seinen Witz. „Pia ist schon wirklich sehr nett, aber wenn ich so bei dir sitze, spüre ich genau, wie sehr du mir als Kollege fehlst."

Arne boxte Tanja freundschaftlich in die Seite – ganz vorsichtig natürlich. Die Schwangerschaft.

So kam es, dass Tanja und Andrea von Wertkamp sich schon kurz darauf wesentlich entspannter gegenübersaßen als bei ihrer Begegnung wenige Stunden zuvor. Die Freunde hatten die Witwe am Zollhafen abgeholt und waren nach Heidenfahrt gefahren. Dort hatten sie Glück. Das Lokal war wie meistens gut besetzt, aber gerade als sie ankamen, verließ ein Paar einen Tisch direkt am Rhein, der Platz für vier Personen bot. Arne hatte zügig eine Flasche Wasser und vier Gläser Wein organisiert und bald befanden sich alle in einem angeregten Gespräch.

Tanja hatte eine leichte Schwangerschaftsübelkeit und beschränkte sich beim Essen daher auf wenige Scheiben Baguette. Die anderen hatten sich Salate und Steaks bestellt. Die Sonne schien nicht mehr so heiß, sondern war angenehm warm, die Abendstimmung hellte die Gemüter auf und die Oldies, die ein Duo mit Gitarren vortrug, trugen dazu bei, dass sich alle wohl und gelöst fühlten. Susanne erzählte von den neuesten Entdeckungen im Alten Dom St. Johannis, Arne steuerte Geschichten aus Berlin bei, Andrea erläuterte, warum es für deutsche Firmen interessant war, in China zu investieren. Tanja scherzte darüber, dass ihre Mutter schon so viele Babysachen eingekauft hatte, dass sie problemlos eine ganze Kinderkrippe ausstatten könnte. Trotz der gelösten Stimmung hatte sie es vermieden, Susannes Freundin das „du" anzubieten. Auch die anderen blieben Andrea gegenüber beim „Sie" – nur Susanne nutzte die vertraute Anrede. Das störte aber nicht das angenehme Miteinander.

Erst als die Sonne rot und dekorativ untergegangen war, packten die vier ihre Siebensachen zusammen und verließen den schönen Ort.

## DIENSTAG

*Nur der größte Weise und der größte Tor können sich ändern.*

*Konfuzius*

Der Sommer hatte eine kurze Pause eingelegt. Nach einem Platzregen schien es, als ob die ganze Stadt aufatmen würde. Selbst das trockene Gras auf dem Goetheplatz wagte ein zartes Grün. Pia und Tanja nutzten die Frische des Morgens und waren gerade dabei, ihre liegengebliebenen Akten zu ordnen, als das Telefon klingelte.

„Frau von Wertkamp, einen guten Morgen! Es war nett

gestern Abend. Was kann ich heute für Sie tun?", fragte Tanja. Offenbar hatte ihre Gesprächspartnerin einiges zu erzählen. Tanjas freundliche Miene verdüsterte sich im Verlauf der Erzählung. „Und das ist Ihnen erst jetzt eingefallen?" Die Antwort darauf fiel kürzer aus. „Haben Sie noch eine Packung mit dem Medikament?" Diese Antwort darauf dauerte etwas länger. „Ich habe Ihre Angaben notiert, Frau von Wertkamp. Ich muss mit meiner Kollegin beraten, wie wir damit weiter verfahren. Ich melde mich, wenn wir mehr wissen. Oder Sie melden sich, wenn Sie weitere Informationen haben."

„Andrea von Wertkamp verdächtigt jetzt die Chinesen, ihren Mann auf dem Gewissen zu haben. Offenbar hat es Anfragen aus China gegeben, ob Daniel von Wertkamp Informationen über deutsche Firmen, die er beraten hatte, weitergeben könnte. Eine Mischung aus freundlicher Anfrage und Erpressung, denn einerseits wurde ihm viel Geld für diese Informationen in Aussicht gestellt, andererseits angedroht, dass er oder seine Frau künftig geschäftliche Schwierigkeiten in China haben könnten, wenn er sich nicht kooperativ zeige. Das liegt schon ein Jahr zurück, aber gestern nach unserem Treffen ist ihr das wieder eingefallen, zumal ich ihr nachmittags vom Leberschaden ihres Mannes erzählt hatte."

„Und?"

„Sie sagt, ihr Mann habe das Ansinnen der Chinesen abgelehnt, allerdings so, dass die Chinesen ihr Gesicht dabei nicht verloren haben, das sei offenbar wichtig in China wie überhaupt in Asien. Die Angelegenheit habe ihn aber offenbar mehr mitgenommen, als er zunächst gedacht hatte. Er hatte wohl eine Zeitlang Angst, tatsächlich nicht mehr nach China reisen zu dürfen und bekam sogar leichte Depressionen. Deshalb nahm er seit einiger Zeit Johanniskraut ein, ein Medikament, das er sich in China mischen ließ. Seine Frau vermutet nun, dass die Chinesen das Medikament manipuliert haben könnten, sodass ihr Mann diesen Leberschaden bekommen habe. Sie hat die ganze Nacht nicht geschlafen und überall nach dem Medikament gesucht."

„Und?"

„Sie hat es nicht gefunden. Auch das ist ihrer Ansicht nach ein Beweis dafür, dass er ermordet worden ist. Sie sagt, er habe das Medikament immer in seiner Aktentasche bei sich gehabt. Sie vermutet, dass es nach dem Unfall aus dem Auto entfernt wurde. Ihrer Ansicht nach wollte jemand auf Nummer sicher gehen."

Pia zuckte mit den Schultern.

Tanja entschied: „Ich rufe mal bei der Rechtsmedizin an und erkundige mich."

Sie wählte die Nummer der Rechtsmedizin, ließ sich mit der Ärztin verbinden und schilderte ihre Frage, ob ein Leberschaden mit chinesischen Medikamenten zusammenhängen könne. Sie hörte lange zu, offenbar hatte die Ärztin einiges zu erzählen. Schließlich hängte sie auf.

„Vielleicht ist doch was dran", sagte Tanja. Sie berichtete, dass die Rechtsmedizinerin beim Stichwort Medikamente und China viele Informationen geben konnte. Jedes Jahr würden mehr als eine Million Menschen an den Folgen gefälschter Medikamente sterben. Viele dieser Fälschungen beziehungsweise die Grundbestandteile stammten aus China. Ein gefälschtes Produkt könnte also durchaus die Ursache für einen Leberschaden sein. Auch Johanniskraut sei in größeren Dosen gefährlich für die Leber.

„Vielleicht ist an den Thesen der Witwe mehr dran als wir gedacht haben", überlegte Tanja. „Aber warum hat sich Daniel von Wertkamp die Medikamente in China besorgt?"

„Scham?“

„Stimmt, vielleicht war es ihm peinlich, an einer Depression zu leiden. Ein Feng-Shui-Meister, dem es nicht gelingt, die eigene Erkrankung wegzuräuchern oder wegzupendeln, das ist nicht geschäftsfördernd. Vielleicht hatte er aber auch mehr Vertrauen in die chinesische als in die deutsche Medizin – und ist dann in China an den Falschen geraten. Oder vielleicht meinten die Chinesen, dass sie gegenüber Daniel von Wertkamp mehr Gesicht verloren hätten, als förderlich für seine Gesundheit wäre. Obwohl ich immer noch nicht glauben kann, dass er ermordet worden ist. Wie auch immer, mit Maike Just haben wir jetzt einen echten Mord, den wir prioritär behandeln müssen.“

„Sehe ich auch so“, sagte Pia.

„Vor allem habe ich keine Ahnung, wie wir in Richtung Medikamente ermitteln sollen“, antwortete Tanja.

Pia nahm ihre Handtasche und sah Tanja an.

„Du hast recht, wir müssen zu dem Maklerkollegen von Maike Just.“

Giuseppe Engel hatte sein Büro in der Mainzer Neustadt direkt in der Boppstraße. Es war funktional eingerichtet und passte zu dem smarten jungen Makler, der ihnen höflich zwei Sitzplätze gegenüber seinem Schreibtisch anbot.

„Die Nachricht von Maikes Tod hat mich wirklich erschüttert. Sie sagen, sie ist ermordet worden?“

Pia und Tanja nickten. „Sie verstehen, dass wir aus ermittlungstaktischen Gründen leider keine näheren Angaben zu ihrem Tod machen können. Wir hätten aber ein paar Fragen zu Ihrer Kollegin – oder war es Ihre Freundin?“ Tanja lächelte freundlich und harmlos.

„Eine Freundin, aber doch nicht meine Freundin. Ich bitte Sie – sie ist, äh, sie war zehn Jahre älter als ich! Das mag bei Heidi Klum und Tom Kaulitz funktionieren, ich stehe eher auf Frauen in meinem Alter. Aber Maike und ich waren wirklich gut befreundet. So gut, dass ich ihr den Erfolg gegönnt habe – im Gegensatz zu vielen anderen Kollegen hier in Mainz."

Giuseppe Engel erzählte, dass er und Maike Just sich im Rahmen einer Fortbildung kennengelernt, sich angefreundet und sich schließlich sogar gegenseitig vertreten hätten, wenn der eine oder die andere einmal Urlaub machen wollte. „Das funktioniert natürlich nur, wenn man sich wirklich vertrauen kann, sonst schnappt man sich ja gegenseitig die Klienten weg."

„Haben Sie Ihre Freundin denn nicht vermisst? Immerhin ist sie wahrscheinlich schon Freitag gestorben."

Giuseppe Engel war erstaunt. „Wir waren befreundet, aber doch nicht so eng, dass wir uns jeden Tag WhatsApp-Nachrichten geschickt oder miteinander telefoniert hätten. Hat sie denn niemand sonst als vermisst gemeldet?"

Tanja und Pia verneinten.

„Nun ja – eigentlich wundert es mich nicht. Maike hat schon immer ihr Ding gemacht. Ich kenne auch keine Freunde von ihr, von mir einmal abgesehen. Aber Maike war okay, ich konnte mich hundertprozentig auf sie verlassen. Auch nachdem sie diesen Riesenerfolg mit ihrer Homestaging-Sparte bekam."

„Homestaging-Sparte?" Tanja war verwirrt.

„Das ist der neue Trend. Häuser werden vor dem Verkauf „aufgehübscht". Die Wände werden gestrichen, schöne Möbel aufgestellt, sogar Attrappen von Küchenmöbeln gibt es." Giuseppe Engel berichtete, dass Maike Just bis vor einiger Zeit eine eher mittelmäßig erfolgreiche Maklerin gewesen sei. Sie habe sich mehr schlecht als recht über Wasser gehalten. Mit Schuld an der Misere sei paradoxerweise der Immobilienboom gewesen. Der Markt in Mainz war leergefegt, selbst Häuser, die renovierungsbedürftig waren, fanden noch Abnehmer. Die Kunden wählten daher häufiger große Maklerfirmen in der Erwartung, so noch höhere Preise für ihre Immobilien erzielen zu können.

Giuseppe Engel war – so wie Maike Just – ein Ein-Mann-Betrieb und sah sich gezwungen, neben seiner Maklertätigkeit auch in der Immobilienverwaltung aktiv zu sein. Darüber hinaus besaß er zu seinem Glück ein Mietshaus in Mainz, das er selbst vermarktete.

„Sonst hätte ich derzeit echte Schwierigkeiten!“, bekannte er. „Die Courtage beim Verkauf ist zwar lohnend, aber man kann nun mal keine Häuser backen wie der Bäcker Brötchen.“

Maike Just sei bis vor einiger Zeit in einer ähnlichen Lage gewesen wie er, nur ohne Mietshaus, das sie über Wasser halten konnte. Sie habe wirtschaftlich nur überleben können, weil ihr Mann gut verdiente und sie unterstützte.

Schließlich sei Maike auf die Idee gekommen, Immobilien für den Verkauf gekonnt herzurichten – für eine geringe Zusatzpauschale. Zunächst hätten das nur Leute in Anspruch genommen, deren Haus in einem derart desolaten Zustand war, dass es ohne Homestaging wohl zu keinem Verkauf gekommen wäre. Maike wäre mit ihrem Homestaging-Angebot dann aber so erfolgreich gewesen, dass sich ihr Name schnell herumgesprochen habe. Daraufhin habe sie auch die Zusatzpauschale erhöht. Das habe die Interessenten jedoch nicht abgeschreckt.

„Die Leute haben angestanden, um sie als Maklerin zu gewinnen, das muss man sich mal vorstellen! Objekte, die vorher Ladenhüter waren, wurden durch sie bestens verkauft. Sie sollten sich mal die Vorher-Nachher Fotos aus ihrem Portfolio anschauen. Sie werden nicht glauben, dass es sich dabei um dieselbe Immobilie handelt!", schwärmte Engel. „Gute Objekte erzielten mit ihrer Methode noch höhere Preise als sowieso schon erwartet. Für Maike lohnte sich die Pauschale, denn ihre Courtage passte sich ja dem Verkaufserlös an. Sie hatte einen Deal mit einem Mainzer Antiquitätenhändler, der ihr Möbel für das Homestaging kurzfristig auslieh. Darüber hinaus hatte sie ein paar zuverlässige polnische Arbeiter, die an einem Wochenende ein ganzes Haus von innen streichen konnten und anschließend noch die Gartenhecke stutzten und den Rasen mähten. Sie glauben nicht, was das für einen Unterschied macht bei den Exposés und bei der Besichtigung. Jedenfalls mauserte sich Maikes Immobiliengeschäft zu einem boomenden Modell. Sie selbst zog mit ihrem Büro in die Augustinerstraße um und sie trennte sich von ihrem Mann. Tobias tat mir ein wenig leid, es war auch ein bisschen ungerecht, weil er Maike jahrelang unterstützt hatte. Auf der anderen Seite: Er hätte sich vielleicht auch mal ein Homestaging von seiner Frau verpassen lassen sollen, denn so richtig hat er nie verstanden, warum er abserviert wurde. Ich schon!"

„Wie meinen Sie das?", erkundigte sich Pia.

„Haben Sie ihn kennengelernt? Ich finde, er sieht so aus, als ob er in den 1990er Jahren stecken geblieben wäre und nicht mitbekommen hätte, dass wir im neuen Jahrtausend angekommen sind. Ironie der Geschichte: Er ist ITler, in der Beziehung war und ist er auf dem neuesten Stand. Aber schauen Sie sich mal seinen Kleidungsstil an, grauenhaft! Oder diese Sofalandschaft, an die er sich geklammert hat wie ein Ertrinkender an die Planke! Maike hat ihn unzählige Male bekniet, neue Möbel anschaffen zu dürfen, er wollte nicht! Das sei alles ganz solide Qualität, hat er immer wieder betont. Das mag ja sein, aber wer ein bisschen Gefühl für Frauen hat, der weiß, was die Stunde geschlagen hat, wenn die Gattin sich dringend neue Möbel wünscht. Sie braucht frische Luft und ein bisschen Abwechslung. Dann gilt es, das alte Mobiliar schleunigst auszutauschen, sonst ist der Mann schnell ausgetauscht. So wie bei Maike und Tobias. Er ist schon ein gutes Stück weit selbst schuld daran, dass sie ihn verlassen hat."

„Hatte sie denn einen neuen Partner?"

„Sie hat mir nichts davon erzählt, wundern würde es mich aber nicht. Einzelgängerin hin oder her: Sie hatte als Frau schon eine tolle Ausstrahlung und Erfolg macht nicht nur Männer sexy."

„Wissen Sie zufällig, wer die letzten Klienten von Frau Just waren?", fragte Tanja.

„Nein, aber ich kann es für Sie herausfinden!" Giuseppe Engel lächelte freundlich. „Wir haben ein neues System eingeführt, eine Makler-App. Der Klient hat die Möglichkeit, unsere Aktivitäten im Blick auf sein Objekt jederzeit vom Smartphone oder Tablet aus nachzuverfolgen. Maike und ich haben beide dieses System eingeführt und ich habe den Zugang zu ihren Daten. Wir haben uns ja im Urlaub gegenseitig vertreten, das war wirklich praktisch. Soll ich mal nachschauen?"

Tanja und Pia nickten begeistert. Giuseppe Engel klappte sein Tablet auf und gab ein paar Daten ein. „Was wollen Sie genau wissen?"

„Zunächst mal die letzten Objekte, die noch im Verkauf waren. Und natürlich die Liste ihrer Besichtigungen! Das wäre fürs Erste wichtig. Wir brauchen dann natürlich alle Daten für die weiteren Ermittlungen."

Giuseppe Engel nickte. „Kein Problem, ich ziehe Ihnen das auf einen Stick. Hier habe ich zehn Objekte, die bei ihr aktuell im Angebot sind, ich drucke Ihnen das mal aus. Und das hier ist die Liste ihrer Besichtigungen der letzten zwei Monate, die letzte war vor fünf Tagen, eine Immobilie in Hechtsheim."

Pia und Tanja waren elektrisiert. „Steht da, mit wem sie sich verabredet hatte?"

Giuseppe Engel prüfte die Eintragungen. „Sie hat keine Kontaktdaten notiert. Das ist merkwürdig, normalerweise lassen wir uns die E-Mail-Adresse und die Telefonnummer geben und tragen die ein, wenn wir eine Besichtigung verabreden."

Pia und Tanja schauten sich an. „Das war die Verabredung mit ihrem Mörder", sagte Tanja.

„Oder ihrer Mörderin", ergänzte Pia.

Pia und Tanja ließen sich alle Daten auf einen Stick kopieren und packten zusätzlich die ausgedruckte Liste der Häuser ein, die Maike Just zuletzt im Verkauf hatte. Sie dankten Giuseppe Engel für seine wichtige Kooperation.

„Sehr gern. Wenn Sie noch Fragen haben: Melden Sie sich bitte! Es ist mir ein Herzensanliegen, dass der Mörder von Maike gefunden wird."

Zuletzt hatte Tanja noch eine Frage: „Wissen Sie eigentlich, wie Frau Just auf die Idee mit dem Homestaging kam?"

„Sie selbst hat behauptet, sie wäre durch eine Sendung darauf gekommen, „Mieten – kaufen – wohnen", die lief eine Zeitlang im Fernsehen, ich glaube, auf VOX. Aber, ehrlich gesagt: Ganz habe ich ihr das nie abgenommen."

Dekan Simon Fischer stand mit Susanne im Alten Dom St. Johannis. Beide betrachteten das ehrwürdige Mauerwerk, die

Gräber und Fußbodenreste aus längst vergangenen Zeiten, die nun dem Staub der Vergangenheit ebenso entrissen waren wie ein verzierter Steinsarkophag, dessen Öffnung vor einiger Zeit ein riesiges Presseecho hervorgerufen hatte.

„Jetzt wissen wir mit an Sicherheit grenzender Wahrscheinlichkeit, dass es die letzte Ruhestätte von Erzbischof Erkanbald war“, sinnierte Susanne. „Obwohl ich persönlich von Anfang an davon ausgegangen war. Wer sonst außer ihm sollte an dieser prominenten Stelle bestattet worden sein?“

„Darüber hinaus war wegen der Kleidungsstücke des Toten klar, dass er ein Kleriker sein musste“, stimmte Simon Fischer zu.

„Vor rund tausend Jahren, genauer am 17. August 1021, ist Erkanbald gestorben und wir haben ihn in seiner Totenruhe gestört. So ganz wohl ist mir bei der Öffnung des Sarges nicht gewesen. Es war auch merkwürdig, wie der Körper nach der Öffnung immer mehr in sich zusammenfiel. Staub zu Staub – man konnte regelrecht dabei zusehen! Ich bin froh, dass der Deckel jetzt wieder auf dem Sarg liegt“, sagte Susanne.

„Obwohl ich es schade finde, dass man jetzt nicht mehr sieht, wie sie vor tausend Jahren bei der Beerdigung mit Steinplatten als Kopfstützen improvisieren mussten, um den Bischof nicht in der falschen Richtung zu beerdigen“, meinte Dekan Simon Fischer. „Mit einem Holzsarg wäre das nicht passiert. Aber ein Steinsarg, der verkehrt herum aufgestellt ist, der lässt sich nicht so leicht drehen.“

„Im Grunde macht dieser Fehler bei der Sargsetzung auch den Charme des Ortes aus“, bemerkte Susanne. „St. Johannis ist nicht perfekt und doch gerade so perfekt für uns wenig perfekte Menschen! St. Johannis ist eine Kirche für Menschen!“

„Es ist schon ein besonderes Gefühl, in dieser Kirche zu sein“, bestätigte der Dekan. „Je mehr ich über ihre Geschichte weiß, desto faszinierender wirkt sie auf mich. Wenn ich allein daran denke, wie ungewöhnlich die Dimension des merowingischen Baus für die damalige Zeit war! Kein Wunder, dass Heinrich II. sie sich als Krönungskirche ausgewählt hat!“

Der Alte Dom St. Johannis präsentierte sich Susanne und ihrem Dekan in voller Schönheit. Es schien fast, als ob die Kirche selbst ein bisschen stolz darauf war, die älteste noch weitgehend erhaltene frühmittelalterliche Bischofskirche nördlich der Alpen zu sein. Immerhin bewahrte sie sogar einige Mauerreste aus der Zeit des 5. Jahrhunderts. Die Atmosphäre atmete Erhabenheit, trotz der provisorischen Metallstege, die die Kirche gerade begehbar machten.

„Ich finde es wunderbar, dass wieder Gottesdienste in der Kirche stattfinden“, ergänzte Susanne. „Der Gottesdienst am Palmsonntag 2019 war für mich deshalb ein ganz besonderer Höhepunkt. Der erste Gottesdienst nach der Ausgrabung! Stellen Sie sich mal vor, wir könnten die Zeit zurückdrehen …“

„In karolingische oder in merowingische Zeiten? Oder gleich bis zu den Römern?“, scherzte der Dekan.

„Nein, ich meine die Zeit zurückdrehen bis kurz vor der geplanten Heizungsrenovierung 2013. Wenn wir damals gewusst hätten, was die Folgen sein würden?“

„Ich bin mir sicher, dass es einige Leute gibt, die dann lieber mit einem tragbaren Elektroöfchen die Kirche beheizt hätten. Oder zur Not mit ihren Haarföns“, sagte der Dekan. „Ich kenne jedenfalls Personen, die sehr unchristliche Gedanken haben, wenn sie an die Ausgrabungen denken, nicht nur der horrenden Kosten wegen, die diese verursacht haben und noch verursachen werden. Leute, die lieber ihre alte St. Johannis-Kirche zurück hätten, so, wie sie nach dem Wiederaufbau nach dem Krieg aussah."

Susanne dachte nach. Sie hatte die alte St. Johannis-Kirche auch geliebt. Aber sie konnte sich beim Anblick dieses spektakulären Baus, den die Archäologen freigelegt hatten, wirklich nicht vorstellen, dass jemand die Zeit zurückdrehen wollte.

„Es gab und gibt zu allen Zeiten ewig Gestrige", merkte der Dekan an, so, als ob er die Gedanken Susannes lesen könnte. „Manche Menschen hätten bestimmt überhaupt keine Probleme damit, wenn ein Laster versehentlich eine Ladung Beton in die Baustelle fließen ließe. Noch besser zwei Ladungen."

Susanne war entsetzt. „Warum?"

„Weil sie das zerstören wollen, was nicht in ihre Gedankenwelt passt. Oder sagen wir mal treffender: Weil sie es am liebsten zerstören würden. Glücklicherweise gewinnen die Destruktiven ja nicht immer die Oberhand. Liebe Kollegin, das erleben wir doch gerade überall auf der Welt, dass Menschen das zerstören, was nicht in ihren Horizont passt. Erfreulicherweise hat nicht jeder, der gerne Beton fließen lassen würde, auch einen passenden Betonmischer zur Hand. Die juristischen Folgen einer solchen Tat mag auch nicht jeder tragen. Wir haben hier in Deutschland dankenswerterweise Gesetze, die gelten und auch durchgesetzt werden. Mit einer Bewährungsstrafe käme man sicher nicht davon, wenn man unseren Alten Dom mit Beton fluten würde."

Der Dekan kicherte, es klang fast ein bisschen triumphierend.

„Wenn einer so eine Schandtat beginge, müsste man ihn zur Strafe in der Betonmasse verschwinden lassen."

„Sie haben eine mörderische Phantasie, Frau Hertz. Ich kann zwar den Impuls verstehen, aber erstens entspricht das nicht dem Strafgesetzbuch und zweitens wären wir dann nicht besser als diese Attentäter überall auf der Welt."

Susanne dachte an Athina Sahler, die fast Dekanin von Mainz geworden war. Ihr schreckliches Ende hatte Susanne zwar nicht gewollt, sie musste aber zugeben, dass sie ihrer damaligen Lieblingsfeindin vor deren gewaltsamen Tod mehrfach die Pest und die Cholera zugleich an den Hals gewünscht hatte. Susanne hatte nicht gewollt, dass Athina Sahler Dekanin von Mainz würde. Sie hatte sich die Schreckensherrschaft, die sie als Dekanin und damit als ihre Vorgesetzte angezettelt hätte, zu gut vorstellen können. Susanne erinnerte sich genau an diesen furchtbaren Winter, obgleich die Ereignisse Jahre zurücklagen. Damals war ein Medizinprofessor ermordet worden, kurz darauf ihre Pfarrkollegin, die sich als Dekanin für Mainz beworben hatte. Ihre Leiche hatte man im Orgelgehäuse von St. Johannis gefunden. Ein kleines bisschen war sie damals der Mörderin von Athina Sahler dankbar gewesen. Susanne wusste, dass das sehr verwerfliche Gedanken waren. Erst recht für eine Pfarrerin. Ein schlechtes Gewissen verfolgte sie deshalb immer noch, wenn sie an Athina Sahler dachte. Obwohl sie nun wirklich nicht für deren Tod verantwortlich war.

Aber stimmte das auch wirklich? Selbst die Bibel kannte nicht nur Segensworte, sondern auch Flüche, die verhängnisvoll wirken konnten. Hatte sie am Ende mit ihren heimlichen Verwünschungen am Tod von Athina Sahler mitgewirkt? Hatten ihre stummen Flüche den Mord an der designierten Dekanin gar provoziert? Susanne blickte dahin, wo früher die Orgelempore gestanden hatte. Das Orgelgehäuse, in dem Athina Sahler gestorben war, existierte nicht mehr. Susanne war erleichtert gewesen, als das Gehäuse abgebaut worden war. Es hatte sie jeden Tag an diesen Mord erinnert.

„Ob wohl Menschen wegen St. Johannis morden könnten?"

Der Dekan wurde nachdenklich. „Wer weiß? Menschen haben schon aus niedrigeren Beweggründen getötet. Möglicherweise ist einer der Menschen, die hier im Alten Dom beerdigt wurden, wegen dieser Kirche ums Leben gekommen. Vielleicht sogar Bischof Erkanbald selbst. Wir werden es nie erfahren, die Gräber schweigen. Aber ganz sicher wussten schon die Menschen zu merowingischen Zeiten um die verhängnisvollen Ursachen von Mord und Totschlag."

Susanne blickte ihn fragend an.

„Nun, an den Todsünden hat sich seit dem Mittelalter wenig geändert, auch wenn es in aufgeklärten Zeiten so scheint, als seien Sünden aus der Mode gekommen. Doch immer noch können Neid, Eifersucht, Habgier und Geiz tödliche Folgen haben."

Susanne dachte beschämt daran, wie sehr sie immer wieder von Neid geplagt wurde, selbst von Neid auf ihre liebsten Menschen. Sie schaute sich um. In der großen alten Kirche war kein Mensch außer ihr und dem Dekan zu sehen. Beide hingen ihren Gedanken nach. In dieser Gesprächspause breitete sich eine eigene Atmosphäre in der Kirche aus. Es war mehr als ein großes Schweigen. Es wirkte auf Susanne so, als ob die Kirche sie einladen würde, endlich einen entscheidenden Schritt zu wagen. So viele Menschen hatten es schon vor ihr getan.

„Dafür bin ich da", schien die Kirche ihr ins Ohr zu flüstern.

„Haben Sie einen Augenblick Zeit?", fragte Susanne schließlich.

„Wieviel Augenblick brauchen Sie denn?“

Susanne überlegte. „Es wird wahrscheinlich schon etwas mehr als einen Augenblick dauern – eine Stunde vielleicht. Geht das?“

Ihr Dekan nickte. Und so kam es, dass Susanne im Alten Dom St. Johannis ihre erste Beichte ablegte. Sie hatte noch nie selbst gebeichtet. Natürlich wusste sie, dass es auch in der evangelischen Kirche die Beichte gab, Martin Luther hatte die Beichte nicht abgeschafft. Tatsächlich hatten auch schon Menschen bei ihr gebeichtet. Aber sie selbst hatte es noch nie getan. Viele Tränen später sollte sie sich fragen, warum sie so lange mit dieser heilsamen Möglichkeit gewartet hatte.

Ihr Dekan hatte sich mit ihr auf die steinerne Bank gesetzt, die an der Wand der Kirche verlief. Inzwischen hatte die Sonne wieder die Oberhand über den Regen gewonnen. Das Licht, das durch die hohen Fenster in den Raum fiel, malte Streifen auf den Boden. Susanne betrachtete die Staubkörnchen, die in den Sonnenstrahlen tanzten. Sie wollte in ihrem Leben auch wieder diese Leichtigkeit haben, dieses Spielerische und Leichte. Es wurde Zeit, dass ihre Seele wieder frei atmen durfte. Und so öffnete Susanne ihr Herz und erzählte ihrem Dekan schonungslos alles, was ihre Seele beschwerte: Ihren Zorn auf Athina Sahler, ihr schlechtes Gewissen, nachdem sie ermordet worden war, ihren Neid auf Tanjas und Wolfgangs Glück und auf das Baby, das die beiden erwarteten, ihre Wut über Arnes berufliche Erfolge und seinen Umzug nach Berlin, ja, sogar ihre Begehrlichkeit auf die tolle Wohnung ihrer Schulkameradin verschwieg sie nicht.

„Wer weiß, was diese Mauern schon alles gehört haben“, schloss sie, nachdem ihr der Dekan die Vergebung zugesprochen hatte.

„Diese Mauern schweigen, so wie ich“, sagte der Dekan. „Ich weiß das Beichtgeheimnis zu wahren. Es darf noch nicht einmal erzählt werden, dass ein Beichtgespräch stattgefunden hat.“

„Sie dürfen also nicht einmal erwähnen, dass ich bei Ihnen ein Beichtgespräch hatte?“

„Was für ein Gespräch?“ Simon Fischer lächelte.

Nach ihrer Beichte in St. Johannis kam es Susanne so vor, als ob ihre Füße sie wie von selbst nach Hause trügen. Sie fühlte sich innerlich und äußerlich befreit. Leichtfüßig sprang sie die Stufen bis zu ihrer Wohnungstür hoch. Sie würde noch einen Tee trinken und dann zu Andrea fahren, um mit ihr und den Töchtern das Beerdigungsgespräch zu führen. Die Freundin hatte es eilig gemacht. In der Trauerhalle in Mombach war ein Termin für den nächsten Tag möglich gewesen, den sie gerne wahrnehmen wollte. Eine passende Grabstelle hatte sich offenbar auch gefunden. Susanne hatte den Eindruck, dass Andrea und ihre Kinder die Beerdigung hinter sich bringen wollten.

Pia und Tanja waren von der Boppstraße aus schnell wieder im Präsidium. Tanja erkundigte sich nach den Ergebnissen der Spurensicherung. Möglicherweise hatten die Spezialisten auch schon den Laptop geknackt. Sie klopfte an das Büro von Sven Mertens.

„Holde Maid, womit kann ich dienen?“, erkundigte sich Sven.

„Hast du schon die Ergebnisse aus Hechtsheim?“, fragte Tanja ungerührt.

„Aber gewiss, Mylady. Das war bei einem leerstehenden Objekt nicht gerade schwierig. Nervig waren lediglich die unzähligen Handläufe der Treppen. Ich habe noch nie ein Haus mit so vielen Treppen gesehen! Allerdings wird es noch Zeit brauchen, bis wir alle Abdrücke und sonstige Spuren sortiert haben. Die Fülle an Material erklärt sich natürlich dadurch, dass unzählige Menschen in diesem Objekt waren: Umzugsmitarbeiter, die Maklerin, der Hausbesitzer, Interessenten … da steht noch einiges an Arbeit aus. Ganz zu schweigen davon, dass Eure Hoheit uns Bediensteten auch noch die Göttelmannstraße beschert haben. Untertänigsten Dank dafür, wir wären sonst vor Langeweile gestorben. Kurz: Sobald wir etwas entdecken, melde ich mich. Was den Laptop angeht: Da bin ich dran, auch da: Ich melde mich. Vergebt, holde Dame, dass ich nicht bessre Kunde habe."

Tanja imitierte das königliche Grüßen der Queen. „Ich erwarte Euren Rapport zur angemessenen Zeit."

Sven kramte in seinem Schreibtisch. „Ach ja – eine Frau von Wertkamp hat gerade diese Flasche für dich vorbeigebracht. Sie meinte, sie hätte es in einem Koffer ihres Mannes gefunden. Das sei ein Beweisstück, das chinesische Medikament, das ihr Mann gegen seine Depressionen genommen hätte. Was soll ich damit tun? Ich habe keine Depressionen. Jedenfalls noch nicht. Höchstens einen beginnenden Burnout. Dank dir."

Tanja verdrehte die Augen. „Frau von Wertkamp wird mich nicht in die Depression, aber sicher in die Verzweiflung treiben. Lass das Zeugs halt untersuchen, dann hat die liebe Seele Ruhe."

Pia war dabei, die Liste der Häuser zu sichten. Sie blickte auf, als Tanja ins Büro kam.

„Andrea von Wertkamp hat tatsächlich noch ein Fläschchen chinesische Medizin gefunden und uns vorbeigebracht.

Sie bleibt hartnäckig bei der These, dass ihr Mann ermordet worden sei."

„Ihr Problem."

„Klar, aber ich habe Sven gebeten, das Zeug untersuchen zu lassen, was soll´s."

„Hm."

„Wie wollen wir weitermachen?"

„Häuser und Makler sichten."

„Du hast recht, damit haben wir für diesen Tag genug zu tun. Weißt du übrigens, was der Vorteil von Häusern ist. Ich meine, gegenüber Verbrechern?"

„Nö."

„Häuser laufen nicht weg. Sie sind, wie ihr Name so schön sagt: immobil."

Susanne saß am Esstisch der schönen Zollhafenwohnung und hatte das Trauergespräch mit ihrer früheren Schulkameradin und deren Töchtern hinter sich. Es war nicht einfach gewesen. Susanne hatte normalerweise keine Probleme damit, schnell das Vertrauen selbst fremder Menschen zu gewinnen. Erst recht nicht, wenn diese ihr schon einmal begegnet waren. Doch das Gespräch mit den drei Frauen verlief zunächst zäh.

Irgendwann riss Susanne der Geduldsfaden: „Ihr müsst euch schon entscheiden, ob ihr mir vertraut oder nicht", stellte sie klar. „Wenn ihr mir nur die harten Fakten über euren Vater, über deinen Mann erzählt, dann wird das morgen eine sehr unpersönliche Beerdigung werden. Beschwert euch dann nicht bei mir! Da hilft kein Pendeln und kein Räuchern."

Susanne verschränkte die Arme. Die Töchter und ihre Mutter schauten sich an. Schließlich räusperte sich eines der beiden Mädchen, Susanne war sich nicht sicher, ob es Viktoria oder Nike war, die beiden sahen sich unglaublich ähnlich.

„Papa hatte sich verändert."

Ihre Schwester nickte. Andrea von Wertkamp starrte auf ihren Parkettfußboden.

„Davon hast du mir nichts erzählt!", Susanne versuchte, nicht allzu vorwurfsvoll zu klingen.

„Es stimmt, was Viktoria sagt", bestätigte Andrea von Wertkamp nach einer Weile.

Susanne merkte sich, dass Viktoria diejenige mit dem fliederfarbenen T-Shirt war. Ihre Schwester trug eine schwarze Bluse.

„Wir glauben, dass er Ärger in China bekommen hatte. Dass er uns deshalb nichts davon erzählen wollte, um uns nicht in die Angelegenheit hineinzuziehen, um uns also zu schützen", erklärte Nike.

„Wir nehmen an, dass er deshalb ermordet worden ist.", ergänzte Andrea von Wertkamp. „Aber die Polizei sieht das nicht so. Laut Autopsie hatte er einen Leberschaden. Das steht im Zusammenhang mit dem Johanniskraut, das er seit einigen Monaten genommen hat, gegen seine düstere Stimmung. Ich bin mir sicher, dass das Medikament in China manipuliert worden ist."

Susanne traf eine Entscheidung. „Ihr wollt doch euren Vater, deinen Mann, angemessen und gut verabschieden. Ist es nicht so, dass er auch ein Leben vor dieser Persönlichkeitsveränderung hatte? Wenn er wirklich ermordet worden ist – dann darf es doch nicht sein, dass sein Mörder noch die Deutungshoheit über sein ganzes Leben und eure Erinnerungen daran gewinnt. Die habt ihr und die sollt ihr auch behalten! Also erzählt mir bitte eure Erinnerungen, das, was euch wichtig war, was euch an und mit ihm geärgert, gefreut hat, was ihr an ihm geliebt habt. Die Beerdigung ist eine Sache – die Mordermittlung eine andere. Ich bin nicht die Polizei, ich bin die Pfarrerin."

Die Familie versank wieder in Schweigen.

Dann gab sich Nike von Wertkamp als Erste einen Ruck: „Papa war der geborene Ästhet. Er liebte alles Schöne. Und weil er alles Schöne so liebte, war es ihm ein großes Anliegen, Menschen zu helfen, sich schöner einzurichten. Er sagte immer: Ein Wohnzimmer, das falsch eingerichtet ist, kann Menschen krankmachen. Ein Wohnzimmer kann aber genauso ein Ort der Stärke werden."

Nike hatte das Eis gebrochen. Nun sprudelten die Erinnerungen. Die drei Frauen erzählten von ihrem Vater, dem Ehemann, den sie verloren hatten, und teilten alles mit Susanne. Es entstand das Bild eines Mannes, der seine Leidenschaft gelebt hatte, der fast besessen davon gewesen war, die Welt auf seine Art zu verbessern und zu verschönern. Ein Mensch, der großzügig sein konnte, aber unbestechlich in seinem Urteil. Ein Mann, der sich nach Harmonie sehnte und doch keine Kompromisse einging, wenn es um Raumgestaltung ging.

„Damit hat er sich nicht nur Freunde gemacht", merkte Andrea von Wertkamp an.

„Er machte es einem auch nicht leicht, wenn man sein Stilgefühl nicht teilte", ergänzte Viktoria lächelnd. „Wir mussten schon bis nach Princeton in die USA ziehen, damit wir unsere Studentenbuden nach unserem Geschmack einrichten konnten. Nike etwa hat einen dreieckigen Beistelltisch im Wohnzimmer. Ein No-Go für unseren Vater."

„Und Viktoria hat einen Spiegel gegenüber dem Bett. Im Schlafzimmer sträflich", setzte Nike nach.

„Aber Papa war für uns immer da, gab Rat, half aus, wenn

wir eine zusätzliche Finanzspritze brauchten. Und er hatte, jedenfalls bis vor einiger Zeit, meistens gute Laune", sagte Viktoria nachdenklich.

Die Familie erzählte angeregt. Es fühlte sich für Susanne so an, als ob sich die Atmosphäre im Raum merklich gelockert hätte. Es traf sie daher unvorbereitet, als Andrea von Wertkamp sagte:

„Ich werde diese Wohnung verkaufen. Zunächst war sie mir ja ein Trost, als ob Daniels Kraft hier präsent wäre. Aber mehr und mehr fühle ich mich ohne ihn hier nicht mehr wohl. Ich werde wahrscheinlich Mainz verlassen, vielleicht gehe ich zurück nach Bonn. Oder sogar in die USA. Die Mädchen werden langfristig dort bleiben oder international unterwegs sein. Vielleicht ziehe ich nach Frankfurt, da bin ich nahe am Flughafen. Mein Büro kann ich praktisch von überall führen, da reichen mir Telefon und Internetanschluss. Die Mädchen hängen sowieso nicht an dieser Wohnung, sie haben hier nie gelebt."

Susanne war verblüfft. Wie konnte man eine solch schöne Wohnung verlassen wollen? Eine Wohnung, die ganz auf einen persönlich zugeschnitten und gestaltet war. Aber eine Wohnung war eben auch nur dann vollständig, wenn Menschen sie mit Leben erfüllten. Ihrer Schulkameradin fehlte offenbar das Leben ihres geliebten Partners in diesen Wänden. Sie kannte das bereits aus vielen Gesprächen mit trauernden Menschen. Viele Angehörige hatten ihr schon geklagt, dass sich Räume nach einem Todesfall veränderten, manchmal sogar den bekannten Geruch verlören. Susanne spürte, dass sie traurig wurde darüber, dass Andrea von Wertkamp diese besondere Wohnung für sich verloren hatte.

„Aber jetzt vertrauen wir dir erst einmal unseren Abschied an", meinte Andrea. Es klang fast so, als ob die Rollen getauscht wären. Sie war es, die Susanne tröstete, nicht umgekehrt.

„Übrigens: Deine Freundin hatte gefragt, ob ich noch das chinesische Medikament hätte, das Daniel genommen hat. Ich habe vorhin tatsächlich noch eine Flasche gefunden, in einem seiner Koffer, und es gleich ins Präsidium gebracht. Deine Freundin hatte nämlich gefragt, ob Daniel ein Alkoholproblem hatte. Das hatte er definitiv nicht. Er hatte auch keine Hepatitis im Lauf seines Lebens. Woher sollte er also einen Leberschaden bekommen? Ich bin keine Ärztin, aber bei Leberschäden fallen mir als Erstes die Nachwirkungen von Medikamenten ein. Das einzige Medikament, das Daniel nahm, war dieses Zeugs. Er hatte es sich in China besorgt, er hielt – so wie ich – viel von der traditionellen chinesischen Medizin. Die chinesische Medizin sagt über das Johanniskraut, es sei bitter und kühl und habe einen Bezug zum Leber-Meridian. Es ist eine sehr wirksame Pflanze, die vielfältig eingesetzt werden kann. Unter anderem auch gegen leichte Depressionen. Unserer Ansicht nach spricht vieles dafür, dass die Charge Johanniskraut, die an Daniel geliefert wurde, manipuliert worden ist."

Abends saßen Tanja und Wolfgang bei einem späten Abendessen auf ihrem Balkon.

„Meinst du, dass Chinesen jemanden umbringen würden, weil er nicht für sie spionieren will?"

„Klar, warum nicht?"

„Also ich meine nicht in China, sondern hier, in Deutschland?"

„Klar machen die sowas. Aber sag mal: Andere werdende Eltern sprechen beim Abendessen über die Einrichtung des Kinderzimmers oder darüber, wann sie ihr Neugeborenes bei einem Sprachkurs anmelden sollten und du fragst nach Spionage?“

Tanja erzählte Wolfgang, dass Andrea von Wertkamp den chinesischen Geheimdienst verdächtigte, ihren Mann umgebracht zu haben, weil der sich geweigert habe, deutsche Unternehmen in China für sie auszuspionieren.

„China beschäftigt wahrscheinlich eine Million Spione“, erklärte Wolfgang. „Wenn du nach China einreist, musst du damit rechnen, dass die Grenzbeamten dein Smartphone einkassieren und darauf Spionagesoftware installieren. China investiert Milliarden in Industriespionage. Sogar Angehörige des Bundestags sind Anwerbeversuchen aus China ausgesetzt gewesen. Da werden schon mal dreißigtausend Euro für Informationen geboten. Für einen kleinen Beamten, der gerade sein Häuschen abbezahlt, ist das viel Geld.“

„Aber die bringen doch nicht jeden um, der da nicht mitspielt!“

„Sicher nicht. Allerdings wenn man jemandem auf die Füße tritt bei der Ablehnung der freundlichen chinesischen Anfrage oder im Rahmen der Anfrage zufällig an relevante Informationen gelangt ist, dann kann das schon sehr ungesund werden. Die Chinesen selbst haben ein ganz entspanntes Verhältnis zur Überwachung, die finden das ganz normal. Ich weiß gar nicht, ob es das Wort Datenschutz in der chinesischen Sprache überhaupt gibt.“

Tanja stocherte in ihrem Salat. „Ich lasse das Medikament untersuchen, das Daniel von Wertkamp genommen hat. Aber ehrlich gesagt habe ich überhaupt keine Lust, an einem Spionagefall herumzudoktern. Wenn die Angelegenheit sich so entwickelt, dann gebe ich den Fall an das BKA ab. Dann sollen die sich kümmern. Das ist mir eine Nummer zu groß.“

„Und zu gefährlich“, ergänzte Wolfgang. „Du isst ja gar

nichts. Liegt es an den Chinesen oder am Salat oder an der Schwangerschaft?"

Tanja legte die Gabel hin. „Ja, im Moment ist mir wieder ziemlich flau zumute. Ich habe auch viel zu wenig getrunken heute. Ich glaube, ich gehe früh ins Bett. Übrigens hat die Ärztin aus der Rechtsmedizin erzählt, dass jedes Jahr eine Million Menschen an den Folgen gefälschter Medikamente sterben, deren Grundbestandteile häufig aus China kommen. Ich wundere mich nicht, wenn ich heute Nacht von Mao träume."

Wolfgang gab seiner Frau einen zärtlichen Kuss. Als sie im Schlafzimmer verschwunden war, öffnete er seinen Laptop. Er hatte noch gute Kontakte zu einem chinesischen Freund, der inzwischen in Paris lebte.

## MITTWOCH

*Wenn die Begriffe sich verwirren, ist die Welt in Unordnung.*

*Konfuzius*

Die Trauerhalle auf dem Mombacher Waldfriedhof war zwar nicht bis auf den letzten Platz besetzt, aber doch sehr gut gefüllt. Susanne hatte den Eindruck, dass die meisten Trauergäste sich in dem etwas düster wirkenden Gebäude eher unbehaglich fühlten. Ob es daran lag, dass der eher funktionale Bau wohl kaum Feng-Shui-Kriterien entsprach, oder ob das Thema Tod den offensichtlich gut betuchten Damen und Herren unangenehm war – Susanne konnte nur Vermutungen anstellen. Was ihr auffiel: keine Teekerzen brannten. Vielmehr hatte das Bestattungsinstitut rechts und links neben dem Sarg große, asiatisch anmutende Laternen mit weißen Kerzen aufstellen lassen.

„Frau von Wertkamp sagte das Design unseres Kerzenständers nicht zu“, erläuterte Stefan Ibel.

Susanne konnte sich ein triumphierendes Grinsen nicht ganz verkneifen. „Das ist aber schade!“

„Dürfen Pfarrerinnen lügen?“, konterte Stefan Ibel.

„Ich sage die reine Wahrheit! Immer! Zu ihrem Kerzenständer habe ich eine flammende Beziehung entwickelt.“ Susanne lächelte maliziös. „Wissen Sie eigentlich, was ein ordentlicher Talar kostet?“

„Er war nur fast angebrannt“, gab Stefan Ibel zu bedenken. „Außerdem sind wir haftpflichtversichert.“

„Diesen Talar hat mir meine inzwischen verstorbene Großmutter geschenkt, der ist quasi unbezahlbar. Gnade Ihnen Buddha, wenn der einmal wegen Ihrer Teekerzen beschädigt wird.“

Susanne blickte so ernst, dass Stefan Ibel zusammenzuckte. Dieser Pfarrerin war einfach alles zuzutrauen. Eilig zog er sich zurück, vorgeblich, um mit dem Quartett, das den Gottesdienst musikalisch umrahmen sollte, letzte Absprachen zu treffen.

Susanne hatte nach dem anstrengenden Trauerbesuch bei Andrea und ihren Töchtern einige Zeit gebraucht, um ihre Gedanken zu sortieren. Sie hatte bis in die Nacht hinein an ihrer Predigt gearbeitet. „Von Erde bist du genommen zur Erde sollst du werden“, hatten sich die Angehörigen als Beerdigungsspruch gewünscht, da Daniels „förderliches Element“ ja die Erde gewesen sei.

Susanne spannte nun in ihrer Ansprache den Bogen von der Schöpfungsgeschichte über die schöpferische Kraft des Menschen bis zur Vergänglichkeit aller Wesen. Sie zeichnete das Leben von Daniel von Wertkamp in dieses Gewebe ein. Während sie sprach, merkte sie schnell, dass ihr die Trauergemeinde, zunächst überrascht über die unkonventionellen Worte, zunehmend fasziniert zuhörte. Ernst und gefasst lauschten ihr Andrea, Nike und Viktoria. Als Susanne das Amen gesprochen hatte, erklang Ludwig van Beethovens Streichquartett in B-Dur. Die Musik verfehlte nicht ihre Wirkung, bei einigen der Anwesenden flossen die Tränen.

Nach dem Gottesdienst zog die Trauergemeinde hinter dem Sarg her zu der Grabstelle, die Andrea von Wertkamp für ihren Mann ausgesucht hatte. Auf dem großen Friedhof hatte sie eine passende Stelle entdeckt.

„Ich werde eine klein wachsende Zaubernuss pflanzen lassen, die schon im Winter ganz besondere Blüten trägt – Daniel und ich haben uns im Winter kennengelernt", hatte sie am Vortag beim Trauergespräch erzählt. „Dazu weiße duftende Pfingstrosen und gelbes Johanniskraut. Diese Pflanzen repräsentieren dann hier die Elemente Erde und Metall. Eine zum Element Erde passende Form ist das Quadrat. Das ist praktisch im Blick auf deutsche Friedhofsordnungen, in Deutschland dürfen Gräber bedauerlicherweise ja nicht völlig beliebig gestaltet werden. Als Grabstein werde ich wahrscheinlich eine Kombination aus Quadrat und Halbrund wählen, aber dafür habe ich noch Zeit. Der Grabstein wird ja erst später gesetzt. Bepflanzen werde ich das Grab aber schon vorher. Von der Lage her ist es ideal, ich bin sehr glücklich, so schnell einen passenden Ort für Daniel gefunden zu haben."

Susanne hatte sich bei Andrea erkundigt, ob es nicht ein bisschen merkwürdig sei, das Grab mit Johanniskraut zu bepflanzen, da ein Extrakt dieser Pflanze ja vielleicht seine Leber geschädigt habe. Doch ihre Schulfreundin hatte das weit von sich gewiesen. Die Pflanze passe zum Element Erde und die Pflanze könne ja nichts dafür, wenn Menschen ihre positive Heilkraft verfälschten und missbrauchten.

Doch noch wuchs keine Pflanze auf dem frischen Grab. Andrea hatte sich daher für ein ungewöhnliches, quadratisches Gesteck aus Sonnenblumen sowie gelben und weißen Rosen entschieden, dass nach der Bestattung auf das Grab gelegt werden sollte. Der Sarg selbst war mit Rosen förmlich übersät.

Im Anschluss an die Trauerfeier hatte die Familie die Gäste in die Favorite im Volkspark eingeladen.

Susanne nahm sich nach der Beisetzung die Zeit, ebenfalls am Trauercafé teilzunehmen. So lernte sie einen Architekturprofessor aus Hamburg, einen Musiker, der bei den Berliner Philharmonikern Geige spielte, und eine Industriellenwitwe aus Wiesbaden kennen. Den Musiker konnte sie für ein Benefizkonzert zugunsten der Renovierung von St. Johannis gewinnen, die Industriellenwitwe sagte ihr eine namhafte Spende für die Innengestaltung der Kirche zu und der Architekturprofessor regte an, in den Mauern des Alten Doms eine internationale Tagung zum Thema „Heilige Räume in der Stadt" zu veranstalten, die er gerne organisieren könne. Mehrere Leute bedankten sich bei ihr ausdrücklich für die Ansprache beim Gottesdienst. Andrea kam mit ihren Töchtern auf sie zu und umarmte sie herzlich und dankbar.

Susanne schwirrte der Kopf. Sie sehnte sich plötzlich sehr nach Arne und ihren ruhigen vier Wänden. Es war wunderbar, dass sie so viel Resonanz bekommen hatte und sie freute sich, dass sich in wenigen Stunden verheißungsvolle Perspektiven für St. Johannis eröffnet hatten, aber jetzt brauchte sie nach der Beerdigung einfach nur noch ihre Ruhe. Unfassbar, dass Andrea diese Beerdigung in so kurzer Zeit organisiert hatte und jetzt immer noch angeregt mit ihren Gästen sprach. Sie selbst war mit ihren Kräften am Ende. Sie notierte sich die Kontaktadressen des Professors, des Musikers und der Industriellenwitwe, gab allen, die es wünschten, ihre Visitenkarte und verabschiedete sich von der Familie. Dann stieg sie erschöpft in ihren alten Alfa und lenkte den Wagen in Richtung Altstadt.

Tanja und Pia waren damit beschäftigt, die Eigentümer zu kontaktieren, die der ermordeten Maklerin Maike Just die Vermarktung ihrer Immobilien anvertraut hatten. Alle zeigten sich erschüttert über den Tod der sympathischen Frau. Die Kommissarinnen waren allerdings nicht die Ersten, die die Todesnachricht übermittelten. Alle Klienten waren bereits von Giuseppe Engel informiert worden. Bei aller Trauer über den Tod seiner Freundin hatte der junge Makler doch seinen Geschäftssinn nicht verloren und den Eigentümern angeboten, die weitere Vermarktung ihrer Immobilie zu übernehmen.

Pia und Tanja ärgerten sich, dass sie mit dieser Aktivität des Maklers nicht gerechnet und den Mann nicht zur Verschwiegenheit verpflichtet hatten. So war ihnen das wertvolle Überraschungsmoment verloren gegangen. Die Eigentümer hatten Zeit gehabt, sich mit der Todesnachricht auseinanderzusetzen und sich auf einen Anruf der Polizei vorzubereiten.

Alle Eigentümer bedauerten den Tod der Maklerin, lobten deren Engagement für die Präsentation ihrer Immobilie und ihr freundliches Wesen, konnten jedoch zur Person der Maklerin nichts weiter sagen. Der Kontakt hatte sich auf die für die Vermarktung notwendigen Begegnungen beschränkt. Die Eigentümer hatten Maike Just nach Vertragsabschluss die Schlüssel ihrer Häuser übergeben, die Pauschale überwiesen und der Maklerin das Feld überlassen. Lediglich eine Eigentümerin beklagte, dass ihr Haus von Maike Just nicht erfolgreich verkauft worden sei. Sie habe sogar zugestimmt, dass ein Feng-Shui-Berater zweimal die Immobilie begutachtet hatte, obwohl sie von Chi-Fluss und ähnlichem Humbug nichts halte. Sie habe daher entschieden, den Vertrag mit der Maklerin nicht zu verlängern, aber dieser Mühe sei sie durch den Tod der Person ja enthoben worden. Tanja verkniff sich einen Kommentar zu der Sensibilität der Eigentümerin oder einen Hinweis darauf, welcher Mühe später einmal andere Menschen durch ihren Tod enthoben wären. Stattdessen dankte sie höflich für die Hinweise und legte auf.

„Ich glaube, ich habe herausgefunden, welche Immobilie Daniel von Wertkamp vor seinem Tod besichtigt hat", sagte Tanja.

„Und?"

„Wir wussten bisher ja nicht, welches Haus er für die Familie Kohlen in Augenschein genommen hatte. Es ist bestimmt eine Villa in der Eleonorenstraße in Gonsenheim. Wir könnten die Kohlens darauf hinweisen. Aber vielleicht bringt es ihnen nichts, denn sie wissen ja nicht, ob die Villa aus Feng-Shui-Sicht geeignet ist oder nicht. Von Wertkamp ist vor Erstellung des Gutachtens gestorben."

„Kohlens waren nett."

„Finde ich auch. Wir könnten ihnen den Tipp geben, dass es dieses Haus war, dass Daniel von Wertkamp besichtigt hat. Sie können dann ja einen anderen Feng-Shui-Berater hinzuziehen."

„Gute Idee."

Eigentlich war es eher Aufgabe der Polizei, Informationen einzuholen als mitzuteilen, aber in diesem Fall drückten Pia und Tanja alle Augen zu. Sie hatten noch immer ein schlechtes Gewissen, dass sie die arme Frau Kohlen so erschreckt hatten. Tanja griff zum Telefon und erreichte Frau Kohlen gleich beim ersten Versuch. Sie war dankbar für den Tipp. Tanja versprach, die Eigentümerin über das Interesse des Ehepaars Kohlen zu informieren und zu fragen, ob sie die Kontaktdaten weitergeben dürfe. Die Eigentümerin zeigte sich begeistert über das Engagement der Polizei und stimmte gerne zu, dass Tanja ihre Daten zur Kontaktaufnahme an ein Ehepaar aus Drais weitergab.

„Die Polizei, dein Freund und Helfer", resümierte Tanja.

Pia lächelte.

Tanja und Pia entschieden sich, ihre Mittagspause bei Fisch-Jackob in Mombach zu verbringen. Sie würden sich von dem freundlichen Verkäufer einen Fisch empfehlen und dann gleich frisch zubereiten lassen. Pia lief schon bei der Aussicht auf ein leckeres Flossentier das Wasser im Mund zusammen.

„An eurer Stelle würde ich nicht nach Mombach fahren", meinte Sven, als er von ihren Plänen hörte.

„Wieso?"

„Weil ihr dort meines Wissens nach einsam auf weiter Flur stehen würdet. Da hat es gebrannt, fünfzig Liter Frittierfett sind in Flammen aufgegangen, ein Wunder, dass niemand verletzt worden ist. Danach war der Laden geschlossen – bis auf Weiteres. Ich fürchte, das ist er immer noch."

Pia und Tanja waren ratlos. „Was machen wir jetzt?"

„Wie wäre es mit dem Gast Hof Grün in der Neustadt?"

„Kenn ich nicht", meinte Tanja.

„Dann solltest du es kennenlernen", sagte Sven. „Ein tolles Projekt. Behinderte und nichtbehinderte Menschen arbeiten zusammen und das Wichtigste: Das Essen ist richtig lecker! Ich bin oft dort! Außerdem ist es wirklich preisgünstig."

„Fünf Minuten", befand Pia.

„Stimmt, länger brauchen wir nicht", sagte Tanja. „Hoffentlich haben sie einen Platz frei!"

Noch während sie im Gast Hof Grün aßen, meldete sich Tanjas Smartphone. Sven Mertens hatte eine SMS geschickt, dass erste Ergebnisse zu vermelden seien. Pia und Tanja gingen gleich in das Büro ihres Kollegen. Vor Sven stand der geöffnete Laptop von Maike Just.

„Das war einfach, ihr Passwort zu knacken. `Maklerin 2.0´ steht auf der Liste der sichersten Passwörter aller Zeiten ganz bestimmt nicht sehr weit oben. Glücklicherweise war sie auch eine sehr ordentliche Person. Ihr seht hier die Dateien mit den Objekten, die sie schon verkauft hat, die Exposés der Immobilien, die aktuell im Verkauf sind, die Kontaktdaten der Eigentümer, der Interessenten und diejenigen von Handwerkern und einem Antiquitätenhändler. Und hier ist noch eine Liste mit Maklerkollegen und Architekten. Das war´s. Auf dem Laptop sind nur ihre Fingerabdrücke. Eigentlich müssten auch noch die Abdrücke des Technikers drauf sein, der ihr den Laptop eingerichtet hat, aber wahrscheinlich hat sie ihn per Fernwartung pflegen lassen und die Tastatur zwischenzeitlich ordentlich abgewischt. Eine sehr kluge Entscheidung, denn sonst sind Laptops ja reine Keimschleudern. Jeder Toilettensitz ist in der Regel sauberer als eine Laptoptastatur. Nicht so bei diesem Laptop. Vorbildlich in Sachen Gesundheitsschutz!"

„Die Besitzerin ist tot, Sven!" Tanja war pikiert.

„Nun gut – im Prinzip vorbildlich."

„Nichts Privates?“ Pia wirkte enttäuscht.

„Nein – sollte da was Privates drauf sein? Dies ist ein offensichtlich rein dienstlich genutztes Gerät. Auch dies ist ganz vorbildlich im Blick auf Datenschutz.“

„Toll, Sven! Dann bringt uns das Gerät nur weiter, wenn ihr Mörder im dienstlichen Umfeld zu suchen ist. Wenn ihr Tod mit ihrem Privatleben zu tun hat, tappen wir weiter im Dunkeln.“

„Sie hat ihre privaten Dateien und Mails bestimmt auf ihrem Smartphone gespeichert“, sagte Sven Mertens.

„Nur hat der Mörder dieses Smartphone bedauerlicherweise an sich genommen“, erklärte Tanja.

„Oder Mörderin“, ergänzte Pia.

„Dann hoffe ich mal für euch, dass Mörderin oder Mörder aus dem dienstlichen Umfeld kommen“, tröstete Sven die beiden Kommissarinnen. „Ach, übrigens dieses Medizinfläschchen …“

„Ja?“ Pia schaute interessiert.

„Ganz schön kompliziert, was da alles zusammengemischt worden ist. Was ich bislang sagen kann, ist, dass auf dem Fläschchen nur die Fingerabdrücke von Frau von Wertkamp sind. Ich habe mir ihre Fingerabdrücke zum Abgleich geben lassen.“

„Danke!“ Tanja war genervt. „Wir stecken in jeder Beziehung fest. Wir haben noch keine Ahnung, weshalb Maike Just sterben musste, ob es ein eifersüchtiger Maklerkollege war, ihr Exmann, ein psychopathischer Hauskäufer oder ein enttäuschter Hausbesitzer. Es wird Zeit, dass wir vorankommen.“

## DONNERSTAG

*Das Aussehen eines Menschen siehst du bei Licht, seinen Charakter jedoch, erkennst du im Dunkeln.*

*Konfuzius*

Susanne kam nach einem Geburtstagsbesuch bei einem freundlichen älteren Herrn nach Hause. Der Jubilar hatte darauf bestanden, dass sie seine selbstgebackene Geburtstagstorte kosten musste und ihr begeistert von seinem Backkurs an der Volkshochschule erzählt, bei dem er seine jetzige Lebensgefährtin kennengelernt hatte.

„Liebe geht durch den Magen", scherzte der Senior und gab seiner Partnerin einen charmanten Handkuss.

Susanne freute sich für das Geburtstagskind. Sie hatte die Ehefrau vor vier Jahren beerdigt und mitbekommen, wie sehr der Mann unter dem Tod seiner geliebten Frau gelitten hatte. „Wie schön, dass Liebe keine Altersgrenze hat", dachte Susanne. Natürlich probierte sie die Torte und lobte sie in den höchsten Tönen. Die Schwarzwälderkirschtorte war wirklich gut gelungen. Tapfer widerstand sie einem zweiten Stück und verabschiedete sich von der fröhlichen Runde, die versprach, sich bei Gelegenheit auch wieder in der Kirche sehen zu lassen. Tatsächlich entschuldigten sich viele Jubilare beim Besuch der Pfarrerin, dass sie schon lange nicht mehr in der Kirche gewesen seien. Die Enkel, der Wandersportverein, der Garten – immer gab es viele Gründe, warum die Menschen nicht dazu kamen, in die Kirche zu gehen. Susanne hatte bei einem bekannten Soziologen die Analyse gelesen, dieses Verhalten liege daran, dass Kirche keine Deadline habe. Die Leute hätten das Gefühl, sie könnten den Kirchgang immer wieder verschieben, die Kirche liefe ja nicht weg – im Gegensatz zu Wandergruppen oder Enkeln, die ständig älter werden. Der Soziologe war übrigens selbst Fan des Gottesdiensts und spielte jeden Sonntag in seinem Heimatort die Orgel. Mit leichtem Sarkasmus hatte Susanne gedacht, dass zwar nicht die Kirche, sehr wohl aber alle Leute eine Deadline hätten. Der Kirchgang, bei dem sie dann mit Sicherheit dabei sind, wäre der Gottesdienst anlässlich ihrer Beerdigung.

Allerdings konnte sich Susanne wirklich nicht beschweren. Ihre Gottesdienste waren in der Regel gut besucht. Die schöne Atmosphäre im Alten Dom trug das ihre dazu bei, dass Susanne am Sonntag in viele aufmerksame Gesichter schauen durfte. Statt moralisch auf die Entschuldigung der Geburtstagsrunde einzugehen, lud sie daher freundlich zum nächsten Gottesdienst ein.

„Sie verpassen was, wenn Sie nicht kommen. Zum Beispiel meine tollen Predigten!“, scherzte sie. „Bei unserem Kirchenkaffee im Anschluss an den Gottesdienst sind Kuchenspenden herzlich willkommen!“

Der Jubilar lachte und versprach, bei nächster Gelegenheit die Gottesdienstgemeinde mit einer selbstgebackenen Kreation zu verwöhnen. Seine Lebensgefährtin gab ihr Wort, ebenfalls einen Kuchen zu backen.

„Was ist schon ein Kuchen für so viele Gottesdienstbesucher, da muss ein zweiter her!“, strahlte sie.

Susanne dankte den beiden und verabschiedete sich herzlich.

Jetzt freute sie sich auf Arne und eine Tasse Tee auf dem Balkon. Zu ihrer Verblüffung fand sie Arne mit Andrea von Wertkamp im Wohnzimmer an.

„Du? Was für eine nette Überraschung!“, sagte Susanne. Doch ihre Freude war nicht ganz aufrichtig. Andrea und Arne wirkten so harmonisch und vertraut. Arne war gerade dabei, Andrea eine Tasse Tee einzugießen. Sie, elfengleich, hielt ihm die Tasse hin. Susanne spürte, wie Eifersucht in ihr keimte. Unwillkürlich verglich sie sich mit der Schulfreundin. Neben ihr wirkte sie wie ein Kartoffelsack, das musste Arne ja ins Auge springen.

„Schau mal", Arne wies auf ein Blumengesteck aus gelben und weißen Rosen. „Frau von Wertkamp hat dir das vorbeigebracht. Ich wachse übrigens in die Rolle des Pfarrmanns hinein und habe ihr sofort einen Tee angeboten. Ich hoffe, du bist angemessen stolz auf mich!"

„Sie können übrigens gerne Andrea zu mir sagen", warf Andrea von Wertkamp ein. „Das ‚Sie' klingt so förmlich zwischen uns, das passt doch gar nicht."

Susanne wäre es lieber gewesen, wenn zwischen Andrea und Arne weiterhin Förmlichkeit geherrscht hätte. Doch Arne hatte dem Angebot schon fröhlich zugestimmt.

Andrea wandte sich an Susanne. „Ich bin ganz spontan vorbeigekommen, weil ich dir ein kleines Dankeschön für die wunderbare Beerdigung gestern vorbeibringen wollte. Ein Gesteck in Daniels Farben. Ich hoffe, es gefällt dir."

„Ja, natürlich gefällt es mir, es sieht wunderbar aus!" Susanne lächelte etwas gezwungen.

Es stimmte, dass ihr das Gesteck gefiel, und doch hätte Susanne die kunstvolle Kreation am liebsten in den Biomüll befördert. Sie hatte einfach keine Lust auf Andrea. Aber es blieb ihr nichts anderes übrig, als gute Miene zu machen. Sie holte sich eine Tasse aus der Küche und setzte sich zu Arne und Andrea ins Wohnzimmer.

„Schön hast du es hier", befand Andrea und schaute sich neugierig um. „Die Lage ist ja auch phantastisch, mitten in der Stadt! Dieser Sessel ist auch urgemütlich!"

Susanne riss sich zusammen. Andrea war nett und ihre Eifersucht entbehrte sicherlich jeder Grundlage. Es war auch reizend von ihr, die Wohnung zu loben, obwohl die mit Sicherheit keinen Feng-Shui-Gesichtspunkten entsprach.

So erzählte Susanne, wie sie den Sessel in Paris auf dem Flohmarkt entdeckt und auf dem Autodach nach Deutschland transportiert hatte. Eine abenteuerliche Aktion, die bestimmt nicht ganz der Verkehrssicherheit entsprochen hatte.

„Jedes Stück in deiner Wohnung hat eine Geschichte, das spürt man“, meinte Andrea.

„Hier sieht es natürlich nicht so edel aus wie bei dir“, schränkte Susanne ein.

„Ich weiß nicht, ich finde, diese Wohnung passt zu dir“, gab Andrea zurück.

Klar, sie passt zu mir, dachte Susanne bei sich, ich bin ja auch nicht so edel wie Schneewittchen, sondern nur ein Trampeltier aus der Provinz.

Im nächsten Augenblick ärgerte sie sich über ihre Aggressivität, mit der sie sich selbst auch noch abwertete. Heute Morgen war sie doch noch ganz zufrieden mit ihrem Leben gewesen, wieso konnte sie sich so schnell in ein miesepetriges Wesen verwandeln, nur weil eine attraktive Frau mit ihrem Freund eine Tasse Tee trank? Was hätte Arne tun sollen, als Andrea geklingelt hatte? Ihr die Blumen abnehmen und ihr die Tür vor der Nase zuschlagen? Susanne versuchte, sich von ihren Gedanken abzulenken und konzentrierte sich auf das Thema Wohnung.

„Ich kann es immer noch nicht fassen, dass du dich von deiner Wohnung am Zollhafen trennen willst“, sagte sie.

Andrea meinte traurig: „Ja, es ist wirklich eine schöne Wohnung und erst war sie mir ja auch wirklich ein Trost. Aber je länger ich ohne Daniel in der Wohnung bin, desto fremder wird sie mir. Es ist Zeit, der Wahrheit ins Gesicht zu sehen: Mein Leben muss ohne Daniel weitergehen. Die Beerdigung gestern war ein erster, wichtiger Schritt auf diesem Erkenntnisweg. Ich werde morgen einen Makler in Frankfurt beauftragen, nach einer passenden Wohnung für mich zu suchen. Frankfurt ist ein Neuanfang, das wird mir guttun."

„Ach, das ist aber schade, dann werden wir uns in Zukunft wohl kaum noch über den Weg laufen", sagte Arne.

„Frankfurt ist doch nicht aus der Welt!" Andrea lächelte. „Ich bin übrigens auch immer mal in Berlin."

Susanne spürte, wie ihr die Galle hochkam.

Andrea schaute auf die Uhr. „Ich muss leider los, Viktoria und Nike wollten mit mir noch Einiges besprechen. Schade! Es ist so schön bei euch! Ich melde mich – oder ihr euch bei mir."

„Ich bring dich zur Tür", sagte Arne.

Susanne zwang sich zu einem freundlichen Lächeln. „Ja, melde dich gerne, ich freu mich!"

Arne brachte Andrea zu Tür, Susanne hörte noch Andreas perlendes Lachen, Arne schien eine amüsante Bemerkung gemacht zu haben. Es war klar, dass sie jetzt dringend eine Ablenkung brauchte. Am besten eine, die ihrem gerade angeknacksten Ego guttat. Wer konnte in dieser verfahrenen Situation ihre gute Laune zurückbringen und ihr zugleich das Gefühl vermitteln, eine attraktive Frau zu sein? Darauf gab es nur eine Antwort: ihr Friseur! Sie stürzte in ihr Arbeitszimmer. Hatte sie heute Vormittag noch einen Termin? Konnte sie sich für zwei Stunden ausklinken? Ihr Terminkalender sah erst am Nachmittag einen Gottesdienst im Altersheim vor. Bis dahin konnte sie sich die Arbeit frei einteilen. Was nachher noch zu erledigen war, konnte sie auf den Abend verschieben. Susanne schickte ein Stoßgebet gen Himmel, dass ihr Friseur gerade einen Termin freihatte. Sie wählte die Nummer des Ladens im Weihergarten.

„Klar, ich krieg dich schon unter, komm einfach vorbei!“ Ihr Friseur klang wie gewohnt bestens gelaunt. Auf ihn war Verlass.

Susanne seufzte erleichtert. Sie schnappte sich ihre Handtasche und sauste los.

„Wo willst du denn hin?“, fragte Arne. Susanne war mit ihm im Flur fast zusammengestoßen. „Ein Fall für die Notfallseelsorge?“

„So ungefähr“, meinte Susanne und gab ihrem Freund einen flüchtigen Kuss. „Ich bin in zwei Stunden wieder da.“

Zehn Minuten später lag Susanne am Waschbecken und betrachtete die Barbiepuppen, die auf dem Kronleuchter in ihrem Friseurladen thronten. Eine Friseurin mit lila gefärbten Haaren wusch ihr sorgfältig die Haare und massierte ihre Kopfhaut. Susanne hätte am liebsten vor Wonne geschnurrt.

„Angenehm so?“, fragte die junge Frau, „zu fest?“

„Meinetwegen kannst du das noch eine Stunde lang fortsetzen“, antwortete Susanne und schloss die Augen. So konnte sie die Kopfmassage noch intensiver genießen.

„Du brauchst Urlaub, Susanne“, diagnostizierte ihr Friseur, während er sorgfältig Farbe auf ihre Haare pinselte. „Ich empfehle dir Ibiza. Spätestens nach dem ersten Gin-Tonic an der Strandbar siehst du die Welt mit anderen Augen. Dann machst du Party, schläfst lange, kaufst dir ein paar verrückte Klamotten und hängst die Füße ins Meer oder in den Pool.“

Susanne dachte nach. „Das wäre keine schlechte Idee. Ich habe tatsächlich lange keinen Urlaub mehr gemacht. Auf Ibiza war ich noch nie.“

„Kein Problem, ich kann dir da einiges empfehlen. Schau mal!“

Er zückte sein Smartphone und zeigte Fotos. In Susanne machte sich sofort eine tiefe Sehnsucht nach Strand, Meer und unbeschwertem Leben breit.

„Das sieht toll aus! Aber so schnell bekomme ich keinen Urlaub. Leider.“

„Du kannst auch einen Gin-Tonic haben, kein Problem!“

„Lieber nicht. Auch wenn ich sicher anschließend einen total beschwingten Gottesdienst im Altersheim hinlegen würde.“

„Wir föhnen dir ein paar Beachwaves. Dann hast du zumindest ein bisschen Ibiza.“

„Ach, das klingt gut.“

Ihr dunkel gelockter Friseur tanzte auf Flipflops durch den Laden und versprühte Lebensfreude. Parallel lief Musik aus den angesagten Clubs auf Ibiza. Susanne fragte sich, wie er es schaffte, immer so gut drauf zu sein. Lag das an Ibiza? War er schon so geboren worden? Ein Lebenskünstler? Half Ibiza gegen Neidanfälle? Wurde man ein besserer Mensch, wenn man auf die Balearen fuhr? Susanne nahm sich vor, zuhause sofort nach einer Lücke im Terminkalender zu finden. Eine Woche auf dieser Insel müsste doch möglich sein!

„Du warst heute meine Rettung“, dankte sie ihm, als sie eine Stunde später frisch geföhnt mit lockigem Schopf die Rechnung bezahlte.

„Das mache ich doch gerne“, strahlte ihr Friseur und umarmte sie mit großer Geste. „Denk dran: Ibiza buchen!“

Pia saß missmutig vor ihrem Laptop. „Wir haben was übersehen“, schimpfte sie.

Tanja sah von ihren Unterlagen auf. „Wieso?"

„Weiß nicht." Pia stand auf und lief wie ein Löwe im Käfig durch das Büro.

„Es ist doch alles gut!", Tanja war genervt von Pias Aktionismus. „Wir konnten sogar dem netten Ehepaar Kohlen einen Gefallen tun. Wir haben nur noch nicht den Mörder von Maike Just gefunden, aber das kommt schon noch, wenn wir endlich persönliche Kontakte von Maike Just …" Tanja unterbrach sich selbst. „Du hast so Recht! Natürlich haben wir was übersehen! Maike Just und Daniel von Wertkamp kannten sich! Sie mussten sich ja kennen, denn es konnte nur Maike Just sein, die Daniel von Wertkamp den Schlüssel für das Haus gegeben hat. Und beide sind jetzt tot!"

„Stimmt!" Pia setzte sich an ihren Schreibtisch. „Schau mal in den Laptop", befahl Pia.

„Warum?"

„Liste?"

„Richtig! Wenn er in der Liste zu finden ist, ist er ein dienstlicher Kontakt. Und wenn nicht …".

„Dann privat!", ergänzte Pia.

Tanja klappte den Laptop von Maike Just auf und sichtete die Dateien. „Bingo! Er kommt nicht vor. Das bedeutet, sie hat ihn als privaten Kontakt angesehen. Obwohl er dienstlich mit ihr zusammengearbeitet hat, denn ihm ist das Objekt in Gonsenheim von ihr vermittelt worden. Eigentlich müsste er unter der Rubrik Klienten oder zumindest Handwerker oder Mitarbeiter vorkommen."

Es wurde Zeit, die Ergebnisse zu visualisieren. Pia heftete ein Bild von Maike Just und eines von Daniel von Wertkamp an ein Whiteboard.

„Weißt du, was mir einfällt, wenn ich die beiden so nebeneinander sehe?", fragte Tanja. „Maike Just hatte ihren

Durchbruch als Maklerin, nachdem sie Homestaging in ihr Programm aufgenommen hatte. Giuseppe Engel hat erzählt, dass er nicht wusste, wie sie sich diese Kunst angeeignet hat. Ich glaube, ich habe da eine Idee."

„Feng-Shui", sagte Pia.

„Genau. Wobei mich nachdenklich macht, dass Daniel von Wertkamp nicht in ihren dienstlichen Kontakten vorkommt. Wenn sie bei ihm lediglich einen Kurs in Feng-Shui belegt hätte, dann müsste er doch aufgelistet sein. Stattdessen macht Maike Just ein großes Geheimnis aus ihrer plötzlich entstandenen Homestaging-Begabung."

„Daniel von Wertkamp."

„Das glaube ich auch", stimmte Tanja zu. „Er war es, der ihr die Ideen zur Umgestaltung der Häuser geliefert hat und sie hat das dann umgesetzt. Bei seiner Begabung war es für ihn ein Leichtes, das Potential von Häusern und mögliche Innenraumgestaltungen zu erkennen. Aber warum hat Maike Just die Zusammenarbeit mit Daniel von Wertkamp nicht veröffentlicht? Das wäre doch förderlich für ihr Renommee gewesen! Ein international bekannter Feng-Shui-Berater arbeitet mit einer Mainzer Maklerin zusammen. Sie hätte wahrscheinlich ihr Büro erweitern müssen, um die vielen Anfragen zu bewältigen und noch mehr Erfolg gehabt als so schon!" Tanja überlegte. „Vielleicht hat sie ihn nicht unter dienstlichen Kontakten gespeichert, damit Giuseppe Engel keinen Zugriff darauf hat. Sie wollte die Zusammenarbeit geheim halten."

„Oder umgekehrt!", meinte Pia.

„Stimmt. Dann wäre es Daniel von Wertkamp, der auf Geheimhaltung bestanden hatte. Seine Frau hat doch auch erzählt, dass er nur ein normales Handy und kein Smartphone besaß."

„Chinesen."

„Stimmt, das passt ja auch! Chinesische Spionagesoftware in Smartphones! Wolfgang hat mich ausführlich aufgeklärt. Das ist ein Riesending! Daniel von Wertkamp wollte nicht, dass irgendjemand seine Aktivitäten ausspionierte. Und er hatte, wie seine Frau erzählt hat, bereits Anfragen des chinesischen Geheimdienstes abgelehnt und dadurch Schwierigkeiten bekommen. Wolfgang hat mir erklärt, dass es im asiatischen Kulturkreis alles andere als einfach ist, eine Anfrage abzulehnen. Keinesfalls darf das Gegenüber das Gesicht verlieren. Das kann sonst tödliche Konsequenzen haben. Daniel von Wertkamp wollte keinen digitalen Fingerabdruck bei Maike Just hinterlassen. Vielleicht, um sich zu schützen."

„Oder sie."

„Und jetzt sind beide tot."

Tanja und Pia schwiegen eine Weile.

„Andrea von Wertkamp ist mir mit ihrer Mordtheorie die ganze Zeit ziemlich auf den Wecker gegangen, aber langsam gewinne ich den Eindruck, dass doch was dran sein könnte."

Das Telefon klingelte. Eine aufgeregte Stimme schallte aus dem Hörer. „Das war Andrea von Wertkamp. Sie ist ziemlich hysterisch. Ein Anschlag auf das Grab von Daniel von Wertkamp auf dem Mombacher Waldfriedhof. Ich denke, wir schauen uns das mal an."

Andrea von Wertkamp erwartete die beiden Kommissarinnen vor der Eingangsschranke des Friedhofs. Sie erzählte, dass sie das Grab ihres Mannes habe besuchen wollen. Sie musste feststellen, dass allen Rosen des auf dem Grab abgelegten Gestecks die Blütenköpfe abgebrochen worden waren. Zudem hatte sie ein Couvert mit einem chinesischen Text auf dem Grab gefunden. Sie konnte den Text übersetzen, eine Geschichte über einen chinesischen Wahrsager aus der späten östlichen Han-Dynastie namens Guan Lu. Sie fasste die Geschichte für die Kommissarinnen kurz zusammen: „Guan Lu weissagte einst einem General, nachdem er das Grab von dessen verstorbener Mutter gesehen hatte: Die Pinien sehen gut aus, haben aber keine Kraft, das Grab ist schön, aber es gibt keine Nachkommen, die es pflegen. Denn die Schildkröte hat ihren Kopf abgelegt, der grüne Drache hat keine Füße, der weiße Tiger hat den Leichnam ins Maul genommen und der zinnoberrote Vogel weint herzzerreißend. Gefahren aus allen Himmelsrichtungen werden sich immer wieder nähern. Guan Lu weissagte dem General den Untergang seiner ganzen Familie, sollte er in den Krieg ziehen. Seine Prophezeiung sollte sich erfüllen."

„Und das konnten Sie so schnell aus dem Chinesischen übersetzen?" Tanja war misstrauisch.

„Mein Chinesisch ist ganz passabel, Sie können mich ja testen", gab Andrea von Wertkamp ärgerlich zurück. „In Zweifelsfällen nutze ich den Google-Übersetzer. Verstehen Sie nicht, dass das eine Warnung ist?

„Nein!"

„Nach chinesischer Vorstellung sind die Verstorbenen nach wie vor mit den Lebenden in ihrer Familie verbunden. Deshalb gelten Feng-Shui-Richtlinien auch für die Grabstätte. Ich habe das auch bei Daniels Grab soweit wie möglich berücksichtigt. Die Umgebung sollte an die vier Symbol-Tiere erinnern: Schildkröte, Tiger, Drache und Phönix, die sich in bestimmter Art und Weise zum Grab verhalten. Der Berg im Rücken des Grabes etwa sollte einer Schildkröte ähneln, symbolisch ein Schutz für das Grab. Ein bisschen schwierig, die Sache mit dem Berg in einer Stadt wie Mainz, aber das Hügelchen da drüben habe ich entsprechend gedeutet. Diese

Botschaft auf Daniels Grab besagt, dass mir Unheil droht, wenn ich die Warnung nicht beachte. Der General war dem Untergang geweiht, als er Guan Lu nicht geglaubt hat. Die abgebrochenen Blütenköpfe sind eine zusätzliche Warnung. Ich nehme an, es passt gewissen Leuten nicht, dass ich hartnäckig von einem Mord ausgehe und der Polizei auch von der Drohung gegen Daniel erzählt habe. Aber ich lasse mich nicht einschüchtern!"

Andrea von Wertkamp gab sich kämpferisch.

Pia zog Latexhandschuhe über und nahm Andrea von Wertkamp den Umschlag ab. Sorgfältig packte sie ihn in eine Plastikhülle. „Lassen wir untersuchen."

Tanja überlegte. „Sollen wir Sie nach Hause begleiten?"

Andrea von Wertkamp schüttelte den Kopf. „Vorhin, als ich Sie angerufen habe, da hätte ich sofort um Polizeischutz gebeten. Inzwischen habe ich mich etwas beruhigt. Wenn die mich umbringen wollen, kann mich sowieso niemand schützen. Ich hoffe, sie belassen es bei den Drohungen. Ich will nur, dass Sie mir endlich glauben. Und wenn mir etwas zustoßen sollte, wissen Sie, wo Sie ansetzen müssen."

Die Witwe nahm mit Tränen in den Augen das zerstörte Gesteck vom Grab und brachte es zum Ablegeplatz für verwelkte Gestecke. Tanja hatte zuvor noch Fotos von den abgeknickten Rosen geschossen. Tanja und Pia begleiteten Andrea von Wertkamp zu ihrem Auto und verabschiedeten sich von ihr. Für eine Befragung der Friedhofsangestellten war es zu spät, um diese Uhrzeit war niemand mehr im Dienst. „Wir geben eine Pressemitteilung weiter und bitten um Zeugenhinweise. Vielleicht hat jemand die Zerstörung gesehen oder etwas beobachtet", sagte Tanja.

„Okay."

Noch auf dem Rückweg zum Polizeipräsidium erreichte

sie der Anruf von Sven Mertens. Das chinesische Medikament war vollständig analysiert. Zwar enthielt es tatsächlich einen Extrakt von Johanniskraut, diesen jedoch in ungewöhnlich hoher Konzentration. Darüber hinaus ließ sich eine Menge anderer Substanzen feststellen.

„Wer das Zeug über einen längeren Zeitraum schluckt und in dieser Kombination, kann tatsächlich schwerwiegende gesundheitliche Probleme bekommen!", erläuterte Mertens. „An und für sich ist Johanniskraut tatsächlich ein probates Mittel bei leichten Depressionen. Aber es hat schon seinen Grund, dass es Johanniskraut seit einigen Jahren nur noch auf Rezept gibt. Das ist eben so eine Sache mit den Naturheilmitteln. Natur kann auch tödlich sein, frag mal die, die einen Knollenblätterpilz zum Frühstück gegessen haben. Jedenfalls ist die Kombination von Johanniskraut und den anderen Substanzen in diesem Medikament nicht gesundheitsförderlich."

Im Büro vervollständigten die beiden Kommissarinnen ihre Darstellung auf dem Whiteboard. Pia brachte den Umschlag mit der chinesischen Geschichte über den General und das Grab seiner Mutter zu Sven Mertens, der ihr herzlich dafür dankte, dass er nicht arbeitslos blieb.

Tanja reckte sich. „Für heute ist mal Schluss. Ich fahre mit Wolfgang nach Jugenheim essen. Was machst du?"

Pia druckste etwas herum. Tanja war irritiert. Stieg da wirklich eine leichte Röte in Pias Gesicht auf? Noch bevor sie nachhaken konnte, klopfte es an der Tür.

Schnell sprang Pia auf und lief zur Tür. „Tschüss!"

Doch Tanja erhaschte noch einen Blick auf den jungen Kollegen, der Pia neulich so freundlich auf einen Kaffee eingeladen hatte. Hieß der nicht Adrian?

„Ich glaube, Pia ist verliebt", informierte Tanja Wolfgang, als sie zusammen an ihrem Lieblingstisch im Restaurant Weedenhof saßen. Tanja hatte sich – wie meistens – für das Überraschungsmenu entschieden, Wolfgang nahm das vegetarische Menu. Tanja liebte es sonst, sich passenden Wein zu den einzelnen Gängen reichen zu lassen, aber dank ihrer Schwangerschaft fiel der Weingenuss gerade aus. Dafür hatte sich ihre Übelkeit gelegt und einem soliden Appetit Platz gemacht.

„Wenn man vom Appetit auf die Schwangerschaft schließen könnte, müsste man meinen, ich erwarte Zwillinge", scherzte Tanja. „Ich könnte gerade zwei Menus vertilgen."

Wolfgang schaute seine Frau verliebt an. „Schön, dass ihr zwei richtig Hunger habt, das spricht für Lebendigkeit. Hast du mit meinen Infos über China eigentlich etwas anfangen können?"

Tanja schaute sich um. Der Tisch in ihrer Nähe war nicht besetzt, sie konnte also mit leiser Stimme Vertrauliches mit Wolfgang teilen. So erzählte sie ihm von den abgebrochenen Blütenköpfen und dem merkwürdigen Brief. Wolfgang nickte nachdenklich.

„Chinesen können es sehr übelnehmen, wenn sie das Gesicht verlieren. Ganz besonders schlimm ist es, wenn jemand ausrastet und laut wird. Sie hassen dich, wenn du sie anschreist. Ich kann mir zwar nicht vorstellen, dass Daniel von Wertkamp ein solcher Lapsus passiert ist, dafür hat er schließlich lange genug in China gelebt. Aber es könnte sein, dass er die Anfrage des chinesischen Geheimdienstes zu barsch abgelehnt hat. Das nehmen die übel. Wenn er tatsächlich viele Firmen in China beraten hat, wäre er ein dicker Fisch für die Chinesen gewesen. Er kannte alle Räumlichkeiten, wusste um Interna der führenden Persönlichkeiten und hätte bei künftigen Planungen für Firmen gleich die Interessen der Chinesen mit im Blick haben können.

Sie werden für eine Anfrage an einen so wichtigen Kontakt bestimmt keinen Neuling oder untergeordneten Mitarbeiter verwandt haben, das war sicher ein höherer Geheimdienstler. Chinesen können es schwer verkraften, wenn sie Fehler machen. In ihrer Kultur ist das eine Katastrophe. Für den Mitarbeiter war von Wertkamps Absage fatal, in mehrfacher Hinsicht. Seinen Vorgesetzten gegenüber, seinen Untergebenen und auch seiner Familie hat er dadurch Schaden zu gefügt. Das klingt in unseren Ohren etwas fremd, aber so ist es eben. Wenn von Wertkamp sich dann noch im Ton vergriffen hat bei der Absage, könnte das durchaus Rache provozieren. Einen Nagel im Reifen könnte das erklären. Das wäre dann ein Anschlag, der den Tod des Fahrers billigend in Kauf nimmt. Aus chinesischer Perspektive darf jedoch auf keinen Fall über die Angelegenheit geredet werden – daher die Warnung an von Wertkamps Frau. Die Chinesen sind im Moment sowieso nervös und aufgeregt. Der Huawei-Konflikt steckt ihnen in den Knochen. Die Aktien der Firma sind schon eingebrochen, nachdem Trump nur angedroht hatte, jeden Handel mit der Firma aus Sicherheitsgründen zu boykottieren."

Tanja hatte aufmerksam zugehört. „Andrea von Wertkamp lebt davon, chinesische Firmen, die in Deutschland investieren, steuerlich zu beraten. Meinst du, dass die Drohung auch berufliche Konsequenzen für sie hat?"

„Das könnte durchaus sein. Den Firmen könnte nahegelegt werden, sich anderweitig steuerlich beraten zu lassen. Oder es bleibt nach außen hin alles beim Alten, aber die Firmen haben den Auftrag, sie zu beobachten und diese Beobachtungen weiter zu melden. Vielleicht haben sie auch schon längst die Wohnung verwanzt."

Tanja erzählte im Flüsterton, dass Pia und sie eine Verbindung zwischen den beiden Todesfällen herausgefunden hatten. Wolfgang berichtete von seinem Gespräch mit dem Pariser Freund. Dem war zwar der Name Daniel von Wertkamp ein Begriff gewesen, von Problemen mit dem chinesischen Geheimdienst wusste er jedoch nichts, hatte aber versprochen, sich umzuhören.

„Es ist vertrackt. Möglicherweise hängen beide Todesfälle auch gar nicht zusammen. Wenn ich den Fall an das BKA weitergebe, weil der chinesische Geheimdienst involviert sein könnte, dann wird uns auch der Fall Maike Just entzogen. Und wenn die Chinesen gar nicht verantwortlich sind, läuft der wahre Mörder friedlich durch Mainz und freut sich daran, dass mit jedem Tag, an dem wir nicht gegen ihn ermitteln, die Spur kälter wird."

Das Gespräch wurde unterbrochen, weil ihnen die Chefin des Restaurants gerade den Hauptgang servierte. Für Tanja gab es Lamm, für Wolfgang ein Gemüserisotto. Beide genossen für eine Weile schweigend ihr Essen.

„Morgen werden wir die Friedhofsmitarbeiter befragen, ob ihnen etwas Ungewöhnliches aufgefallen ist. Außerdem haben wir einen Aufruf über die AZ gestartet. Viel Hoffnung habe ich nicht, der Friedhof ist ja Tag und Nacht geöffnet. Wenn da jemand um zwei Uhr nachts aktiv ist, dann bekommt das außer den Schleiereulen niemand mit."

„Was ist, wenn Maike Just von einem eifersüchtigen Kollegen umgebracht wurde? Und wie ist es mit dem Ehemann?"

„Stimmt, der Exmann ist uns etwas aus dem Blick geraten. Den wollten wir sowieso noch nach seinem Alibi fragen, jetzt, wo wir ziemlich genau den Zeitpunkt kennen, an dem Maike Just gestorben sein muss. Wir müssten auch den mit ihr befreundeten Kollegen noch einmal befragen – und auch andere Makler, da hast du recht. Einen eifersüchtigen Kollegen kann ich mir allerdings als Täter nicht wirklich vorstellen. Bringt man jemanden um, nur weil er erfolgreicher ist als man selbst?"

„Ich glaube, es gibt schlechtere Motive für einen Mord."

Susanne lag neben Arne im Bett und starrte an die Decke. Arne schnarchte. Genau genommen war es kein Schnarchen, sondern ein leichtes Schnurcheln. Das hätte sie normalerweise nicht am Schlafen gehindert, ihre Ohropax lagen in Griffweite auf dem Nachttisch. Susanne konnte vielmehr nicht schlafen, weil sie immer noch eifersüchtig war und dieses Gefühl einfach nicht loswerden konnte. Kurzfristig war es ihr tagsüber zwar besser gegangen, nachdem sie von ihrem Friseurbesuch in die Wohnung zurückgekommen war. Arne hatte ihr Styling gelobt und die Welt hatte sich freundlich angefühlt. Doch als sie von ihrem Altersheimgottesdienst zurückkehrte, erwähnte Arne, dass Andrea angerufen habe.

„Sie wollte eigentlich dich sprechen und klang ziemlich aufgewühlt. Da habe ich gefragt, was los ist", berichtete Arne. Dann schilderte er die Geschichte mit der chinesischen Drohung und den abgeknickten Blumen. „Ich habe ihr vorgeschlagen, dass sie vorbeikommen kann, aber das wollte sie nicht. Ihre Töchter fliegen wohl morgen früh zurück in die USA und sie will den Abend mit ihnen verbringen."

Susanne konnte eine spontane Erleichterung über diese Absage gerade noch verbergen. Doch schon Arnes nächster Satz versetzte sie in Alarmstimmung.

„Nächste Woche fliegt sie nach Berlin und ich habe mit ihr verabredet, dass wir dort zusammen essen gehen, das ist doch eine schöne Idee! Ich zeige ihr ein bisschen die Hauptstadt und bringe sie auf andere Gedanken."

„Toll!“ Susannes Magen krampfte sich zusammen.

„Ist was mit dir? Du hast doch nichts dagegen, dass wir essen gehen, oder?“

„Natürlich nicht!“ Susanne wehrte ab. „Eine tolle Idee von dir, habe ich doch gerade gesagt. Wieso fragst du?“

„Du hast plötzlich so düster ausgesehen.“

„Ich hatte nur plötzlich Sodbrennen, das war sicher die Torte beim Geburtstagsbesuch, ich vertrage in letzter Zeit die Sahne nicht mehr gut.“

„Mein armer Schatz.“ Arne nahm Susanne in den Arm. „Soll ich zur Apotheke laufen und dir was gegen Sodbrennen holen?“

Susanne hatte Arne gedankt, aber sein freundliches Angebot ausgeschlagen. Sie gab vor, dem Übel mit einem Glas Wasser begegnen zu wollen und verzog sich in die Küche. Dort atmete sie ein paar Mal tief durch. So konnte das nicht weitergehen. Ihre Eifersucht war kein gutes Zeichen. Sie war innerlich aus dem Lot gekommen, dabei hatte sie nach ihrer Beichte beim Dekan den Eindruck gehabt, auf einem guten Weg zu sein. Jetzt musste sie gute Miene zum bösen Spiel machen. Eifersucht war kein guter Ratgeber für eine Beziehung. Sie konnte Arne schließlich nicht anbinden. Wenn sie schon auf eine Freundin eifersüchtig war, wohin sollte das noch führen?

Im Wohnzimmer hatte Arne eine Tüte Mandeln geöffnet und in eine Schale gefüllt. Er hielt Susanne einen Löffel hin. „Hier, probier mal, das hilft auch bei Sodbrennen.“

Susanne hatte eigentlich gar keine Lust auf Mandeln, zumal sie sich vorgenommen hatte, wieder etwas abzunehmen. Aber sie fand es süß, wie Arne sich um sie kümmerte und nahm den Löffel an. Dann kuschelte sie mit ihrem Freund auf dem Sofa und sah sich mit ihm einen alten französischen

Film auf arte an. Catherine Deneuve und Gerard Depardieu verhakten sich in einer verhängnisvollen Affäre.

„Gut, dass uns das nicht passieren kann", resümierte Arne und gähnte. „Ich bin müde. Kommst du mit ins Bett?"

Susanne hatte Arne erklärt, dass sie noch an der Predigt für den Sonntag arbeiten müsse. Als er im Bett war, versuchte sie auch tatsächlich, sich auf die Arbeit zu konzentrieren. Aber ihre Gedanken kreisten um alles Mögliche, nur nicht um den Evangelisten Lukas. Schließlich gab sie es auf und ging auch ins Bett, nur um dort schlaflos an die Decke zu starren und über Arne und Andrea nachzugrübeln. Es war fast fünf Uhr morgens, als sie endlich erschöpft in einen unruhigen Schlaf fiel, aus dem sie der Wecker um halb acht erbarmungslos herausriss. Beim Blick in den Spiegel hätte sie am liebsten geweint. Dunkle Ringe unter den Augen und eine fahle Haut waren wirklich keine Zeichen blühender Schönheit. Sogar ihre am Vortrag so sorgfältig gestylten Beachwaves hingen schlaff und traurig nach unten. Susanne schluckte ihre Tränen herunter. Es half nichts, sie musste den Tag überstehen. Sie schüttete sich eine Ladung eiskalten Wassers ins Gesicht und machte sich nach einer Katzenwäsche an ihr Tagwerk.

## FREITAG

*Du kannst den Hahn zwar einsperren, die Sonne geht dennoch auf.*

*Konfuzius*

Die Feng-Shui-Beraterin ging mit dem Ehepaar Kohlen durch die Villa in der Eleonorenstraße in Gonsenheim. Etwas stimmte nicht mit diesem Haus, das war ihr schnell klar geworden. Sie spürte, dass das Energiefeld aus der Balance war. Sie wusste nur noch nicht, was es war und woran es lag. Kohlens hatten ihr erzählt, dass ihr berühmter Kollege das Haus begutachtet hatte, jedoch gestorben war, bevor er sein Urteil übermitteln konnte. Daniel von Wertkamp hatte sogar zweimal das Haus besichtigt. Das war ungewöhnlich für einen Mann mit seiner Erfahrung. Die Feng-Shui-Beraterin vermutete, dass Daniel von Wertkamp ebenfalls eine Unstimmigkeit festgestellt und Zeit gebraucht hatte, dieser auf den Grund zu gehen.

Sie vertraute ihrer Intuition. Achtsam ging sie von Raum zu Raum. Das Ehepaar Kohlen folgte ihr, eine schweigsame Prozession, die alle Zimmer des Hauses abschritt. Das ältere Ehepaar war hin- und hergerissen zwischen Faszination und Befremdung.

„Ich möchte mir noch einmal den Keller ansehen“, sagte die Beraterin schließlich. Gemeinsam mit dem Ehepaar ging sie die alte Kellertreppe herunter. Sorgfältig schritt sie alle vier Kellerräume ab und blieb vor einer Mauer stehen, vor der ein altes Kellerregal stand. Hier war etwas mehr als unangenehm. Sie spürte eine aufsteigende Kälte „Ob man das wohl einmal vorrücken kann?“, fragte sie laut und wies auf das Regal.

„Klar, das schaffen wir doch!“, antwortete Herr Kohlen energisch. Gemeinsam zogen sie an dem Regal und stellten fest, dass es an zwei Stellen mit der Wand verschraubt war.

„Das geht wohl doch nicht so leicht“, meinte Frau Kohlen enttäuscht.

„Ach was, das ist doch hier alles nur mit Sand gebaut“, sagte ihr Ehemann. „Wenn man da richtig zieht oder drückt fliegen einem die Schrauben schon entgegen. Die haben doch trotz Dübeln keinen wirklichen Halt.“

Herr Kohlen stemmte sich mit aller Kraft gegen das Regal. Tatsächlich bewegte es sich. Doch anders, als Herr Kohlen sich das vorgestellt hatte, gingen nicht die Schrauben in die Knie. Die Backsteine, in die die Schrauben versenkt worden waren, lösten sich aus der Wand. Fast wären Frau Kohlen und die Beraterin mit dem Regal zu Boden gegangen. Im letzten Moment konnten sie sich und das schwere Holzregal halten.

Vorsichtig ließ Herr Kohlen das Regal auf den Boden gleiten. Neugierig schaute seine Frau durch ein Loch, das einer der Backsteine in der Wand hinterlassen hatte. Unwillkürlich zuckte sie zurück.

„Was ist?"

„Ich glaube, wir müssen die Polizei rufen."

Herr Kohlen schob sich neben seine Frau und blickte ebenfalls durch das Loch in der Mauer. Er verstand sofort, warum sie zurückgezuckt war. Durch das Loch war der Kiefer eines Totenschädels zu erkennen.

Die Nachricht von dem Skelett im Keller einer Villa in Gonsenheim machte in Windeseile die Runde im Polizeipräsidium. Tanja erfuhr davon, als sie sich in der Kantine ein belegtes Brötchen holte. Die Polizei hatte die Wand im Keller abgetragen und dahinter ein Skelett gefunden. Ein Loch im Schädel ließ den Schluss zu, dass es sich um das Opfer eines Verbrechens handelte, das man in den Keller eingemauert hatte. Da der Leichnam vollständig verwest war, musste der Tod schon länger zurückliegen. Die Kleidungsreste ließen darauf schließen, dass es sich um einen Mann gehandelt hatte. Die Besitzer des Hauses hatten das Anwesen in den 1960er Jahren erworben und wollten es verkaufen, weil sie in eine Seniorenresidenz auf der Frankenhöhe gezogen waren.

Sie hatten geschworen, dass sie das Regal bereits so vorgefunden hätten, als sie das Haus erworben hätten. Der Vorbesitzer hätte nur acht Jahre darin gewohnt, wer davor der Eigentümer gewesen sei, könnten sie nicht sagen. Das alte Ehepaar, das für die mögliche Zeit des Mordes als Besitzer im Grundbuch eingetragen war, lebte nicht mehr.

„Kann es sein, dass dieser alte Mordfall mit unseren Toten zusammenhängt?“ fragte Tanja Pia, als sie zurück in ihr Büro kam. „Schließlich hat Daniel von Wertkamp dieses Haus begutachtet und Maike Just hat es vermittelt.“

Pia notierte „Eleonorenstraße“ und „Mord“ auf dem Whiteboard.

„Wir sollten das in Betracht ziehen“, meinte Tanja. „Rein theoretisch könnten die Eigentümer der Immobilie gewusst haben, dass sie buchstäblich eine Leiche im Keller haben. Deshalb haben sie Daniel von Wertkamp ermordet, als er herausgefunden hat, dass etwas mit dem Haus nicht stimmt. Sie ahnten, dass ein Mordopfer den Verkaufspreis senken würde.“

Pia zog zweifelnd die Augenbrauen hoch.

„Okay, das ist vielleicht wirklich etwas weit hergeholt. Trotzdem lohnt es, sich mit dem Haus näher zu beschäftigen.“

„Heimat- und Geschichtsverein“, merkte Pia an.

„Gute Idee!“, stimmte Tanja zu. „Wenn die in Gonsenheim einen Heimat- und Geschichtsverein haben, dann wissen die vielleicht auch mehr über die Villa in der Eleonorenstraße. Aber bevor wir uns darum kümmern, müssen wir Tobias Just zu seinem Alibi befragen. Mord verjährt zwar nicht, aber wer auch immer diesen Mann in der Eleonorenstraße umgebracht und eingemauert hat – er dürfte inzwischen vor seinem himmlischen Richter stehen und den irdischen entkommen sein. Insofern hat jetzt die andere Leiche Vorrang. Wir sollten uns ranhalten, heute Abend bin ich mit Susanne im Staatstheater, Othello!"

„Shakespeare?" fragte Pia.

„Nein, Verdi. Oper."

Pia rümpfte die Nase. Sie war kein Opernfan.

„Ach, übrigens – hast du den Friedhof in Mombach erreicht? Hat einer der Mitarbeiter etwas beobachtet?"

Pia schüttelte nur den Kopf.

Ausgerechnet Othello! Dieses Eifersuchtsdrama! Sie war doch gerade selbst eifersüchtig bis in die Haarspitzen, die ihr Friseur ihr gestern so kunstvoll geschnitten hatte. Arne hatte sich liebevoll von ihr verabschiedet, bevor sie ins Staatstheater gegangen war. Er wollte den späten Zug nach Berlin nehmen. Am nächsten Tag musste er wieder arbeiten. Susanne hatte versucht, ihre Eifersucht auf Andrea nicht allzu sehr zu zeigen. Denn die zwei würden sich sehen, das hatte Arne – ganz unbefangen – kurz vor seiner Abfahrt erzählt. Susanne wand sich in ihrem Sitz im Staatstheater, während Desdemona auf der Bühne ihrem Untergang entgegensang. Es schien fast, als ob die Wellen der Eifersucht in ihr mit dem Sopran auf der Bühne um die Wette wogten. Susanne hoffte, dass Tanja nicht allzu viel von ihrer inneren Unruhe spüren würde. Aber ihre Freundin schien ganz fasziniert vom Geschehen auf der Bühne und bekam nicht mit, dass Susanne mindestens so litt wie die verleumdete Gattin des venezianischen Feldherrn. In der Pause versuchte Susanne, mit einem Sekt ihre aufgewühlten Emotionen zu dämpfen. Alkohol war nicht immer eine Lösung, manchmal aber schon. Mit dieser Erkenntnis holte sich Susanne noch ein zweites Glas Sekt vom Buffet. Tanja prostete ihr fröhlich mit ihrem Mineralwasser zu. Sie hatte sowieso nie viel getrunken, in ihrer Schwangerschaft verzichtete sie vollständig auf Alkohol. Susanne merkte die Wirkung der beiden Sektgläser. Sie entspannte sich merklich.

Nachdem Othello seine Desdemona erwürgt und sich anschließend aus Verzweiflung den Dolch ins Herz gestoßen hatte, verließen die beiden Freundinnen, beschwingt vom Kunstgenuss, das Staatstheater. Tanja begleitete Susanne noch bis zu deren Wohnung. Dort hatte sie ihr Fahrrad abgestellt.

„Als Polizistin finde ich es schon bedenklich, dass das Stück immer noch so aktuell ist. Jeden Tag versucht in Deutschland ein Mann, seine Frau zu töten, jeden dritten Tag bringt ein Mann seine Partnerin tatsächlich um. Das ist unglaublich im 21. Jahrhundert, aber bittere Wahrheit. Scheinbar hat sich seit Shakespeares Zeiten daran wenig geändert. Aber die Musik war wirklich göttlich." Tanja umarmte Susanne. „Danke für den tollen Abend, komm gut nach Hause!", sagte Susanne.

Tanja schloss ihr Fahrrad ab und fuhr in Richtung Neustadt. Auf halbem Weg stellte sie fest, dass sie ihre Einkaufstüten in Susannes Wohnung gelassen hatte. Vor der Oper hatte sie noch einige Einkäufe in der Stadt erledigt und sie in Susannes Altstadtwohnung geparkt.

Susanne würde noch nicht im Bett liegen. Tanja wendete ihr Fahrrad und fuhr in Richtung Altstadt zurück. Sie klingelte und Susanne öffnete ihr sofort. „Ich lass die Wohnungstür auf, bin gerade beim Essen", klang es aus der Sprechanlage. Als sie die Wohnung betrat, gab ihre Freundin gerade ein Schälchen Fischsalat auf einen Teller.

„Schau mal, das hing an meiner Wohnungstür. Arne muss noch schnell zu Fisch-Jackob gelaufen sein, um mich zu überraschen. Wie lieb von ihm! Ich habe jetzt richtig Hunger nach der Oper."

Susanne häufte eine Gabel voll Salat und führte diese zum Mund.

Tanja konnte sich meistens auf ihre Intuition verlassen. Schon öfter hatte diese ihr in kritischen Situationen das Leben gerettet. Sie spürte, wie sich die Härchen auf ihren Armen aufstellten. Sie war um halb sieben durch die Stadt gelaufen, aus den Augenwinkeln hatte sie registriert, dass der Fischladen da schon geschlossen hatte. Auf der Straße vor Susannes Wohnung hatte sie noch Arne getroffen, der auf dem Weg zum Bahnhof war. Arne konnte keine Salate gekauft haben. Hier war etwas ganz falsch.

Tanjas Gehirn pumpte Adrenalin in ihre Blutbahn, ihre Muskeln spannten sich an, sie hechtete durch den Raum zum Esstisch und schlug Susanne die Gabel aus der Hand. Die Gabel flog in hohem Bogen durch das Zimmer. Durch die Wucht des Aufpralls gingen die Freundinnen zu Boden.

„Spinnst du?“ Susanne war mit dem Ellenbogen auf dem Boden aufgekommen, das tat empfindlich weh.

Tanja tastete nach ihrem Bauch. Sie hatte beim Fallen ihren Arm schützend um ihren Bauch gelegt und war über die Seite abgerollt. Dem Baby dürfte nichts passiert sein. Doch sie wollte kein Risiko eingehen. Tanja zog sich vorsichtig am Esstisch hoch. Beim Absprung hatte sie ihre Handtasche fallen gelassen. Sie ging zur Tür zurück, hob die Handtasche auf und fischte eine Plastiktüte und Handschuhe aus der Tasche. Dieses Material hatte sie immer dabei. Sorgfältig sicherte sie das Schälchen Salat und hob dann auch den Bissen auf, der durch den Raum geflogen war. Alles wanderte in die Plastiktüte.

„Danke, dass du aufräumst, das wäre nicht nötig gewesen“, sagte Susanne sarkastisch.

„Gern geschehen. Dein Leben liegt mir am Herzen. Ich

fürchte, dieser Salat wäre wenig gesundheitsförderlich für dich gewesen."

„Wie bitte?" Susannes Gesicht war ein einziges Fragezeichen.

„Arne kann dir den Salat nicht an die Tür gehängt haben. Als ich vorhin durch die Stadt ging, hatte der Fischladen schon geschlossen. Die machen um achtzehn Uhr dicht. Vor deiner Tür bin ich Arne in die Arme gelaufen. Der kann den Salat nicht gekauft haben."

„Vielleicht hat er ihn nachmittags gekauft"

„Möglich. Das glaube ich aber nicht. Du kannst ihn ja gerne anrufen."

„Das mache ich, jede Wette, Arne war es. Und du hast mir mein Nachtessen verdorben!"

Susanne rappelte sich auf, ging zu ihrer Handtasche und zog ihr Smartphone heraus. Sie tippte die Nummer ein und wartete. „Hast du mir den Salat von Fisch-Jackob an die Tür gehängt? Nein? Warum – ach, nur so, erklär ich dir später. Gute Fahrt noch!" Susanne schaute Tanja nachdenklich an. „Er war es nicht."

Tanja nickte. „Das habe ich mir gedacht. Ich bringe das hier gleich ins Präsidium, die sollen das untersuchen. Mir wäre es lieb, wenn du deine Sachen packst und heute Nacht bei mir schläfst. Ich rufe Wolfgang an, der soll dir das Gästezimmer schnell richten."

Susanne war verwirrt. „Ich verstehe gar nichts mehr", klagte sie.

Tanja setzte sich an den Esstisch und schaute Susanne fest an. „Ich kann es natürlich erst nach der Untersuchung beweisen, aber mein Gefühl sagt mir, dass es jemand nicht gut mit dir meint. Ich glaube zwar nicht, dass diese Person hier in der Wohnung war, sicher kann ich mir aber nicht sein.

Wenn es jemand auf dein Leben abgesehen hat, dann will er vielleicht heute Nacht nachsehen, ob er Erfolg mit seinen Bemühungen gehabt hat. Deshalb bitte ich dich freundlich, jetzt deine Zahnbürste und ein paar Sachen zu packen und mitzukommen. Im schlimmsten Fall hab ich mich geirrt und du hast vergeblich eine Nacht in der Sömmeringstraße verbracht."

Susanne schluckte. „Ich weiß nicht, ob *das* der schlimmste Fall ist."

Sie packte schnell ein paar Sachen in eine kleine Tasche und holte ihr Fahrrad aus dem Keller. „Wenn du recht hast – wie ist der Kerl dann an meine Wohnungstür gekommen?"

Tanja wies auf die Klingelschilder. „Du wohnst hier nicht alleine, Susanne. Es reicht, alle Klingeln zu drücken und irgendwas in die Sprechanalage zu murmeln – einer wird schon auf den Öffner drücken. Das ist leider so bei Mehrparteienhäusern."

Susanne und Tanja radelten schweigend durch die Mainzer Nacht bis zur Sömmeringstraße. Tanja hatte Wolfgang telefonisch informiert und wartete, bis Susanne im Haus war. Dann fuhr sie die kurze Strecke bis zum Polizeipräsidium. Sven Mertens war zu ihrer Überraschung noch in seinem Büro.

„Ich finde es rührend, dass du dich wieder darum kümmerst, dass ich nicht an Bore-out erkranke."

„Bore-out?"

„Das Gegenteil von Burnout. Wer Bore-out hat, leidet an Langeweile, die ihn krank macht. Das sind Leute, die etwa von ihren Chefs gemobbt werden und nichts mehr zu tun bekommen. Die sitzen wochenlang vor einem leeren Schreibtisch. Das zermürbt, schneller, als du denken kannst. Dank dir und Pia kann mir das nicht passieren."

Tanja lächelte. „Das tue ich doch gern für dich. Wie schnell kannst du diesen Salat untersuchen lassen?“

Sven schaute ergeben. „Bis morgen Mittag hast du die Ergebnisse – reicht das?“

Tanja zeigte mit dem Daumen nach oben. „Pia und ich haben morgen Dienst.“

„Wieso am Wochenende?“

„Du weißt doch: Bei Morduntersuchungen kommt es auf die ersten Tage besonders an. Ich kann nicht mit Wolfgang in der Hängematte liegen, während der Mörder von Maike Just noch nicht gefunden ist. Außerdem ist dieser Salat ein Mordanschlag auf meine Freundin – jedenfalls, wenn meine Vermutung stimmt.“

Die Nacht wurde für Susanne, Tanja und Wolfgang ziemlich kurz. Lange hatten die drei Freunde noch zusammengesessen. Tanja wusste, dass es ziemlich unvernünftig war, in ihrem Zustand so wenig zu schlafen. Aber sie war viel zu aufgewühlt, um vernünftig zu sein.

„Selbst wenn Sven herausfindet, dass ich Recht habe und der Salat vergiftet war – was hilft uns das? Wir wissen überhaupt nicht, wer das gewesen sein könnte.“ Tanja war ratlos.

„Du kannst erst einmal hierbleiben“, meinte Wolfgang zu Susanne.

Aber Susanne wollte nicht länger als diese Nacht bei ihren Freunden bleiben. Sie war ihnen dankbar für die Unterstützung, aber sie wusste, dass sie sich nicht verkriechen wollte und konnte. „Wenn mich jemand umbringen will, dann schafft er das auch. Ich kann mich ja nicht in ein Zeugenschutzprogramm begeben und irgendwo ein neues Leben anfangen. Ganz abgesehen davon, dass ich gar nicht weiß, warum mir jemand etwas Böses will – wenn es denn überhaupt stimmt. Vielleicht war es Kantor Arzfeld, der mir den

Salat an die Tür gehängt hat. Er weiß, dass ich Heringssalat liebe."

„Und warum sollte er das getan haben? Aus Dankbarkeit dafür, dass du nicht in der Kantorei mitsingst?"

„Tanja, deine Scherze sind manchmal nur gemein. Mein Mezzosopran wird allgemein gerühmt."

Tanja rümpfte nur die Nase.

„Arne mag meine Stimme."

„Er liebt dich halt."

Susanne gähnte. „Ich muss jetzt ins Bett. Morgen kommt mein alter Professor aus Münster auf einen Kaffee vorbei. Er ist auf dem Weg zu einem Kongress in der Schweiz und unterbricht seine Fahrt, um mich wiederzusehen – nett von ihm, finde ich. Er wird mich sicher auf andere Gedanken bringen."

Tanja saß noch lange, nachdem Susanne ins Bett gegangen war, auf dem Balkon und starrte in den Nachthimmel. Sie machte sich Sorgen. Einen Gegner, dem man in die Augen sehen kann, kann man auch besiegen. Ein Gegner, der aus dem Hintergrund agiert, ist dagegen hochgefährlich. Für Tanjas Geschmack gab es gerade zu viele Gegner, denen sie nicht in die Augen sehen konnte.

## SAMSTAG

*Die eigenen Fehler erkennt man am besten mit den Augen anderer.*

*Konfuzius*

Pia lenkte den Dienstwagen in Richtung Laubenheim. Tanja hatte den Exmann von Maike Just angerufen und um ein Gespräch gebeten. Tobias Just sah aus, als ob er seit ihrem letzten Besuch die Kleidung nicht gewechselt hätte.

„Müssen Sie nicht arbeiten?“, erkundigte sich Tanja.

„Ich bin krankgeschrieben, außerdem haben wir samstags immer frei“, entgegnete Just müde und schlurfte ihnen voran ins Wohnzimmer. „Meine Schwiegereltern“, stellte er vor. Auf der schrecklichen Sofagarnitur saß ein älteres Ehepaar, beide waren braun gebrannt und erhoben sich, als die Kommissarinnen ins Zimmer kamen.

„Sebald“, stellte sich der Mann vor und wies zugleich auf seine Frau. „Wir sind die Eltern von Maike.“

Der Mann brach ab, ihm versagte ihm die Stimme. Er wandte sich ab, offenbar wollte er seine Tränen nicht zeigen. Seine Frau legte ihm sanft die Hand auf den Arm. Sie übernahm das Gespräch.

„Bitte, setzen Sie sich doch. Wie können wir Ihnen helfen?“

Pia und Tanja nahmen auf den altmodischen Sesseln Platz.

„Wissen Sie, ob Ihre Tochter einen neuen Partner gefunden hatte?“ Tanja kam sofort zur Sache.

Die Eltern schüttelten den Kopf.

„Maike hat genau gewusst, dass wir ihre Scheidung nicht gutheißen“, erklärte Frau Sebald. „Wir haben zu ihr gesagt: Tobias hat doch jahrelang für dich gesorgt, warum tust du ihm das jetzt an? Aber sie hat nur erwidert: Das verstehst du nicht, Mama. Leider hat uns das entfremdet in den letzten beiden Jahren. Sie ist einmal im Jahr nach Mallorca gekommen und wir haben sie einmal im Jahr hier besucht, an Weihnachten, aber das war es auch schon.“ Frau Sebald versank in nachdenklichem Schweigen.

„Was für Freunde hatte sie?“, fragte Pia.

Wieder schüttelten die Eltern den Kopf. „Da gab es diesen Kollegen von ihr, einen Italiener, den haben wir mal kennengelernt. Aber sonst?" Das Ehepaar sah sich ratlos an.

Bald darauf brachte Tobias Just Tanja und Pia zur Tür.

„Wir wollten das nur nicht vor Ihren Schwiegereltern ansprechen,", meinte Tanja, „aber entweder sagen Sie jetzt klipp und klar, was Sie über Ihre Exfrau herausgefunden haben, oder wir schicken Ihnen eine Vorladung."

„Aber ich bin doch krankgeschrieben!", protestierte Just.

„Nicht für immer", antwortete Tanja böse.

„Und?" Pia schaute auf die Uhr. „Machen Sie es sich nicht zu schwer", ergänzte sie.

Tobias Just schaute von einer Kommissarin zur anderen. Dann gab er auf.

„Okay. Sie hatte einen Freund. Ich habe sie beobachtet. Die beiden waren sehr vorsichtig. Ich habe es erst gemerkt, als der Typ regelmäßig bei ihr im Büro aufgetaucht ist. Zuhause bei ihr habe ich ihn nie gesehen."

„Und woher wissen Sie, dass es ihr Freund war? Und nicht nur ein Klient?"

„Warum sollte ein Klient über ein halbes Jahr lang regelmäßig in ihr Büro kommen?"

„Und wer war dieser ominöse Freund?"

Just knetete seine Finger. „Das weiß ich nicht."

Tanja schaute ungläubig. „Sie wissen das nicht? Sie beobachten Ihre Exfrau ein halbes Jahr lang und dann wissen Sie nicht, wen sie trifft?"

„Verfolgen Sie mal jemanden ohne aufzufallen, der ein Büro in der Augustinerstraße besucht. Oft kam er mit dem Fahrrad und war dann auf und davon in Richtung Erbacher Hof oder Karstadt, bis ich mein Fahrrad in Position gebracht hatte. Dann wieder ist er schnell zu Fuß in Richtung Kirschgarten verschwunden und bis ich mich endlich durch die Menschenmasse gedrängt hatte, war er nicht mehr zu sehen. Gerade tagsüber ist so ein Betrieb in der Augustinerstraße. Einmal hatte ich den Verdacht, dass er mir auf die Schliche gekommen wäre. Ich glaube, da hat er sich in der Augustinerkirche versteckt. Aber auch da kann ich nicht in jeden Beichtstuhl schauen. Kurzum: Ich weiß nicht, wer der Kerl war." Just schwieg wie erschöpft von dieser für ihn ungewöhnlich langen Rede.

„Aus Eifersucht haben Sie dann Ihre Exfrau und ihren Freund umgebracht", sagte Tanja scharf. „Geben Sie doch zu, dass Sie Ihre Frau die Treppe heruntergestoßen haben. Bei Ihnen war sie nicht misstrauisch und Ihren Namen hätte sie auch nicht im Kalender notiert."

„Ich war das nicht, wie kommen Sie darauf!"

Die Schwiegereltern erschienen im Flur. „Tobias, was ist, können wir dir helfen?"

„Geht mal zurück, ich komme klar", entgegnete er ärgerlich.

„Geben Sie es zu?", hakte Pia nach.

„Nein!", beharrte Just. „Ich gebe gar nichts zu. Ich will einen Anwalt. Ich war es nicht. Ich bin krankgeschrieben. Sie dürfen das nicht!"

Ohne ein weiteres Wort gingen die beiden Kommissarinnen.

„Der muss jetzt seinen Schwiegereltern einiges erklären", sagte Tanja, als sie wieder im Auto auf der Rückfahrt zum Polizeipräsidium saßen.

„Hm", meinte Pia zweifelnd.

„Ich glaube ihm nicht, dass er nicht weiß, wer der Freund seiner Exfrau war. Ich meine, wir sollten ihn jetzt ein bisschen schmoren lassen, das bringt mehr als eine Vernehmung. Übrigens: Er ist ein Schlappschwanz. Kein Wunder, dass seine Frau ihn verlassen hat."

Pia nickte.

„Allerdings: Wenn er seiner Exfrau die Reifen angestochen hätte – das hätte ich mir vorstellen können. Aber sie hinterrücks eine Treppe herunterstoßen, dazu gehört schon mehr. Schließlich hätte es ja sein können, dass sie noch nicht tot gewesen wäre, dann hätte er sie noch erwürgen oder ersticken oder erstechen müssen, was weiß ich. Das hätte er nicht geschafft.“

„Moment. Was hast du gesagt?“ Pia hielt den Wagen an.

„Ich habe gesagt, dass er sie hätte erstechen müssen, wenn sie noch nicht tot gewesen wäre. Nur so als Beispiel. Warum hältst du an?“

„Vorher“, beharrte Pia.

„Wie, vorher?“ Tanja war irritiert. „Vorher meinte ich, dass er sie auch hätte erwürgen können.“

„Vorher! Reifen!“

„Na ja, dass er fähig gewesen wäre, ihre Reifen zu zerstechen. Kannst du mich mal aufklären, was du willst?“

„Daniel von Wertkamp“, erläuterte Pia und fuhr weiter.

„Meine Güte, du könntest Recht haben!“ Tanja schlug sich gegen die Stirn. „Daniel von Wertkamp war nicht nur der Berater von Maike Just, er war auch ihr Liebhaber! Und Tobias Just hat seinem Nebenbuhler einen Nagel in den Reifen gestochen.“

„Vielleicht.“ Pia lenkte den Wagen zum Polizeipräsidium. „Warte hier! Ich bin gleich zurück.“

Tanja gehorchte verblüfft. Pia lief ins Präsidium und kam nach wenigen Minuten mit einem Foto zurück.

„Was soll das?“

Pia gab Tanja das Foto. Daniel von Wertkamp. Pia wendete das Auto und fuhr schweigend nach Laubenheim zurück. Sie hielt vor dem Just´schen Anwesen. Beide Kommissarinnen stiegen aus. Pia klingelte an der Tür. Kurz darauf öffnete Just.

„Sie schon wieder! Ich will einen Anwalt."

Stumm reichte ihm Pia das Foto, Tobias Just nahm es in die Hand und betrachtete es.

„Ist er das?", fragte Pia.

„Woher wissen Sie das? Ja, genau, das ist er. Woher haben Sie das? Wer ist das?"

Pia antwortete nicht, nahm das Foto aus der Hand von Tobias Just, drehte sich um und lief zum Auto. Tanja folgte ihr.

„Zumindest hat er seine Überraschung gut gespielt", meinte Tanja.

„Gut geübt", antwortete Pia.

Susanne rührte in ihrer Tasse Tee. Sie hatte ihren Professor vom Zug abgeholt. Beide saßen nun in einem der netten Cafés, die in der Mainzer Neustadt wie Pilze aus dem Boden der Gentrifizierung geschossen waren. Wo früher die sozial Benachteiligten von Mainz wohnten, rekelten sich heute Hippster und Yuppies.

Urs Bernhardt sah seine ehemalige Studentin neugierig an. „Was ist los, Frau Hertz? Sie sehen nicht gerade glücklich aus. Wenn Sie mögen, können Sie mir gerne Ihr Herz ausschütten. Da fällt mir auf, dass das ja eine komische Aufforderung ist: Frau Hertz schüttet ihr Herz aus, hihi."

Susanne versuchte, einen Anfang zu finden. „Gestern, im Othello …"

Schon wurde sie von ihrem Professor unterbrochen. „Othello! Meine Liebe, ich beneide Sie! Was für eine herrliche Oper!" Sofort trällerte der Professor die Ouvertüre vor sich hin. „Wie gerne wäre ich an Ihrer Stelle gewesen.

Obwohl für mich natürlich gar nichts über die Aufnahme von Toscanini geht, unübertroffen! Nichts gegen Ihr Staatstheater hier, aber Toscanini …" Urs Bernhardt schwärmte in hohen Tönen von seiner Lieblingsaufnahme. „Aber verzeihen Sie, Sie wollten mir ja etwas erzählen." Urs Bernhardt schaute schuldbewusst, wie üblich hatte ihn die Begeisterung für die Musik mitgerissen. „Bei Toscanini verliere ich immer die Fassung!" Er trällerte wieder, diesmal war es eine Arie der Desdemona.

„Genau", meinte Susanne und versuchte, die Arie ihres Professors zu unterbrechen. „Darauf wollte ich hinaus. Othello ist eifersüchtig …"

„… und Desdemona hat keine Chance!" Urs Bernhardt fiel ihr wieder ins Wort. „Finden Sie nicht auch, dass Arrigo Boito den Shakespeare´schen Stoff wunderbar gestrafft hat? Dadurch kommt alles viel besser auf den Punkt!"

Susanne fand, dass zwar Arrigo Boito, nicht aber sie auf den Punkt kommen konnte. „Was die Eifersucht betrifft …"

„Es gibt kein besseres Drama zum Thema Eifersucht als Othello!" Bernhardt geriet regelrecht aus dem Häuschen. Er begann, eine Arie des Jago zu singen. Die Umgebung drehte sich nach ihrem Tisch um.

„Mich beschäftigt das Thema Eifersucht gerade sehr", versuchte Susanne, ihr Thema in einer Gesangspause anzubringen. „Können Sie mir theologisch etwas dazu sagen?"

„Aber gerne!" Urs Bernhardt trommelte den Rhythmus einer Arie auf dem Tisch, während er nun theologisch ins Schwärmen geriet. „Eifersucht hat mit Neid zu tun, ist also im Grunde eine Erbsünde. Sie erinnern sich: Kain und Abel, Kain ist neidisch auf Abel. Neid hat etwas mit Besitzansprüchen zu tun. Im Grunde bedeutet Eifersucht, dass man über seinen Partner wie über Eigentum verfügen will. Neid definiert sich nämlich über Eigenschaften, also über den Partner, den Besitz eines Partners, oder die Eigenschaften eines anderen, auf den ich neidisch bin. Wer neidisch ist, will ja im Grunde nicht der andere sein. Der Neidische will nur haben, was der andere hat. Das ist die Formel: Haben, was der andere hat. Das ist zurückzuführen auf epithymia oder lateinisch Concupiszienz und das ist eine Grundform von Sünde. Sie wissen schon, beim Apostel Paulus, Römer 7: *Die Sünde erregte in mir Begierden aller Art.* Oder zusammengefasst im Gebot: *Du sollst nicht begehren.*"

Urs Bernhardt genoss inzwischen die ungeteilte Aufmerksamkeit der Umgebung, denn er war dabei, die Bewegungen Toscaninis beim Dirigat schwungvoll nachzuahmen. „Ach, Toscanini!" jubelte er. „Ja, der Othello. Ein besseres Beispiel für Neid und Eifersucht gibt es nicht. Jago neidet Othello sein Glück, Othello ist eifersüchtig auf Desdemona, ohne einen Grund zu haben. Weil er im Grunde nicht glaubt, dass sie wirklich einen Schwarzen lieben kann. Obwohl sie ihn ja wirklich engelhaft liebt. Neulich habe ich diese Toscanini-Aufnahme nochmal gehört und war regelrecht verzückt davon, wie Boito den Shakespeare gestrafft hat. Ich erwähnte es ja gerade schon. Der Kontrast tritt in der Boito-Version noch mal deutlicher hervor, also der Kontrast zwischen der absoluten Unschuld der Desdemona und dem sich immer mehr steigernden Verdacht und der Eifersucht Othellos, die sich schließlich im Mord entladen. Und im Selbstmord." Urs Bernhardt blickte sich erstaunt um. „Warum schauen mich eigentlich die Leute an? Oder bilde ich mir das ein?"

„Einfach nicht drauf achten", meinte Susanne. „Wollen Sie vielleicht einen Sekt?"

„Dazu kann ich doch nicht Nein sagen!", freute sich der Professor.

Andrea von Wertkamps Stimme am Telefon klang aufgeregt. „Ich habe einen Anruf bekommen“, berichtete sie Susanne. „Ein Mann, eher eine helle Stimme, ganz akzentfrei. „Erst Frau Hertz, dann Sie“, hat er gesagt und dann aufgelegt. Was soll das bedeuten?“

Susanne zögerte. Sollte sie Andrea beunruhigen mit den rätselhaften Ereignissen des letzten Abends? Sie entschied sich dafür, den Ball erst einmal flach zu halten. „Ich werde das an Tanja weitergeben“, antwortete sie. „Mach dir erst mal keine Gedanken!“

Doch es gab einen Grund, sich Gedanken zu machen.

„Dieser Salat war tatsächlich vergiftet“, informierte Sven. Tanja und legte ein Papier auf ihren Schreibtisch. „Hier die Ergebnisse.“

Tanja atmete tief durch. Dann hatte sie sich nicht geirrt.

Sven erläuterte die Ergebnisse: „Überlebt hätte man den Verzehr nicht oder nur mit sehr viel Glück. Mindestens fünf Blatt Fingerhut waren dem Salat beigemengt. Möchtest du ein Häppchen?“

„Nein danke.“ Tanja war genervt. Für Witze war sie gerade nicht zu haben.

Sven lenkte ein. „Wir sind dabei, die Fingerabdrucke und sonstige weitere Spuren abzuklären. Ich fürchte, wir finden nur die Fingerabdrücke deiner Freundin Susanne Hertz. Wer so perfide vorgeht, hinterlässt keine Spuren.“ Sven verließ wieder das Büro.

Tanja kaute auf ihrem Stift. Was sollte sie jetzt tun? Sie musste Susanne informieren. Am Besten persönlich. Sie schrieb eine kurze Notiz für Pia und griff sich ihren Fahrradhelm.

Tanja traf Susanne nicht in ihrer Wohnung an. Sie versuchte es in St. Johannis und hatte Glück. Susanne war gerade dabei, mit ihrem Dekan Simon Fischer über ein Nutzungskonzept für den Alten Dom zu diskutieren. Beide standen im Ostchor, direkt neben dem großen Steinsarg von Bischof Erkanbald. Susanne blickte auf, als Tanja durch den Hintereingang in die Kirche kam.

„Möchtest du dem ‚Brösel-Bischof' guten Tag sagen?", fragte Susanne scherzhaft. „So hat ihn jedenfalls die BILD-Zeitung genannt: ‚Brösel-Bischof'. Man kann über die BILD-Zeitung denken, was man will: Titeln können sie. Meinen Vorgesetzten kennst du ja."

„Ich bin nur der Dekan, nicht der Brösel-Bischof", scherzte der Dekan. „Ich fühle mich auch noch ganz lebendig."

Tanja betrachtete den großen Steinsarkophag.

„Haben Sie ihn noch nicht besichtigt?", erkundigte sich Simon Fischer.

„Nein, leider waren wir in der Woche, in der er geöffnet war, nicht in Mainz. Und seitdem hatte ich zu viel zu tun, obwohl Susanne mir schon öfter angeboten hat, die neuesten Forschungsergebnisse in St. Johannis anzusehen."

„Öffnen können wir den Sarg allerdings nicht. Zum einen wäre der Deckel viel zu schwer. Darüber hinaus wäre es zu riskant. Die Forscher haben bei der Öffnung in Schutzanzügen mit Masken gearbeitet. Interessant ist, dass der Sarg verkehrt steht", klärte Susanne Tanja auf.

„Wieso?"

„Die Handwerker haben gepfuscht", erläuterte der Dekan. „Das Kopfteil sollte ja eigentlich Richtung Osten zeigen, sie haben ihn aber gerade andersherum platziert. Als der Tote dann in den Sarg gebettet werden sollte, flog der Pfusch auf. Bei den Füßen hat man dann Steinpolster abgeschlagen, für den Kopf mussten drei Steinplatten als Kissen herhalten. Offenbar hatten es die Leute damals eilig, den Mann zu bestatten. Es blieb keine Zeit mehr, den Sarg umzudrehen. Er ist tonnenschwer. Es wäre allerdings nett gewesen, wenn sie ein Täfelchen mit seinem Namen beigelegt hätten oder irgendetwas anderes, das die Identifizierung erleichtert hätte. Stattdessen haben sie Kalk über den Leichnam gestreut, um den Verwesungsprozess zu beschleunigen. Trotzdem sind wir uns nun ziemlich sicher, dass es Bischof Erkanbald ist, der in dem Sarg liegt."

„Ich soll dich übrigens von Urs Bernhardt grüßen", sagte Susanne zu Tanja. „Er hat das Café in der Neustadt bestens mit seinen musikalischen Darbietungen aus dem Othello unterhalten. Außerdem hat er mir eine spontane Vorlesung zum Thema Eifersucht, Neid und Todsünden gehalten. Das hängt alles zusammen. Wenn du magst, erkläre ich dir das auch gerne ausführlich." Dann ergänzte sie: „Andrea hat vorhin angerufen. Ein Anonymus hat ihr gesagt, sie wäre nach mir als nächste dran oder so ähnlich. Ich habe ihr gesagt, ich würde es dir erzählen und sie solle sich nicht aufregen. Den Salat habe ich nicht erwähnt. Weißt du inzwischen mehr? Hörst du mir zu?"

Tanja starrte auf den Sarg. Sie hatte das Gefühl, als ob in dem, was Susanne und der Dekan ihr in den letzten Minuten erzählt hatten, die Antwort auf viele Fragen zu finden wäre. Aber was war es? In Gedanken rekapitulierte Tanja das kurze Gespräch. Es war um den Brösel-Bischof gegangen, um seinen Sarg, den schweren Deckel, das Rätsel um seine Identität …

„Tanja, was ist los mit dir?"

Tanja legte den Zeigefinger auf den Mund.

Sie ging in ihrer Erinnerung das Gespräch durch. Kalk

war gestreut worden, die Identität verwischt, die provisorische Kopfstütze, der falsch eingebaute Sarg …

„Das ist es!" Tanja hatte es so laut und entschieden gesagt, dass Susanne und Simon Fischer zusammenzuckten. „Das ist die Lösung! Ihr habt es mir gezeigt!"

„Ich verstehe nichts!", beschwerte sich Susanne.

„Ich hatte plötzlich eine Ahnung von des Rätsels Lösung", bemühte sich Tanja um Erklärung, „Also der Sarg ist verkehrt herum eingebaut worden. Das ist für mich der Schlüssel. Es ist alles ganz genau andersherum. Jemand hat uns getäuscht."

Susanne blieb ratlos.

„Nur das Motiv ist mir nicht ganz klar. Obwohl – klar, der Othello, es geht um Eifersucht und um Neid."

„Tanja, bitte!"

Tanja riss sich aus ihren Gedanken. „Es ist wichtig, dass nichts von dem, was ich hier sage, nach außen dringt."

Der Dekan und Susanne nickten. „Wenn Sie das wünschen, stehen wir unter Schweigepflicht", bestätigte Simon Fischer.

Tanja wandte sich an Susanne. „Wieso sind wir darauf gekommen, dass Daniel von Wertkamp ermordet worden ist?

„Weil ein Nagel im Hinterreifen seines Autos steckte", antwortete Susanne.

„Sei bitte präzise. Wieso war von Mord die Rede?"

„Weil Andrea uns darauf aufmerksam gemacht hat. Sie musste ganz schön beharrlich sein, bis ihr von der Polizei das endlich auch ernst genommen habt."

Tanja nickte. „Ganz genau. Von wem wissen wir über die Drohungen aus China?"

„Von Andrea."

„Wer hat dir jetzt erzählt, dass erst du und dann sie bedroht wurde?"

„Andrea."

„So ist es. Sie hat erzählt, dass es ein Mord ist. Sie hat erzählt, dass das Grab ihres Mannes beschädigt und sie bedroht worden ist. Sie hat das chinesische Medizinfläschchen gefunden. Sie hat erzählt, dass sie mit ihrem Mann ganz innig war. Jetzt dreh mal einfach alles um. Dann ist sie diejenige, die weiß, dass es Mord ist, weil sie selbst den Nagel in den Hinterreifen geschlagen hat. Sie hat den Grabschmuck zerstört und den Drohbrief geschrieben, sie hat das Medizinfläschchen besorgt."

„Aber warum?"

„Je penetranter sie darauf bestand, dass es ein Mord wäre, desto mehr brachte sie sich selbst aus dem Fokus der Ermittlungen. Das war sehr klug."

„Du meinst, ihre Anschuldigungen waren das perfekte Ablenkungsmanöver?"

„Das nehme ich stark an. Sie hat wahrscheinlich auch Maike Just ermordet."

„Das klingt ja furchtbar!" Simon Fischer war entsetzt. „Was war ihr Motiv?"

„Wahrscheinlich ging es alles andere als harmonisch zu zwischen Andrea von Wertkamp und ihrem Mann. Er hatte seit mindestens zwei Jahren ein Verhältnis mit Maike Just. Er steckte hinter der wundersamen Begabung der Maklerin in Sachen Homestaging. Wahrscheinlich hat er den Fehler gemacht, seiner Frau eine Trennung anzubieten. Das war sein Todesurteil. Und das Todesurteil für Maike Just. Die beiden müssen kurz hintereinander ermordet worden sein, sie wird das so geplant haben, damit nicht der Tod des einen die andere warnen konnte. Übrigens hat sie dich sicherlich ganz bewusst als Pfarrerin für die Beerdigung ihres Mannes ausgesucht. Sie wusste aus der Zeitung, dass wir befreundet sind. Und sie wollte in engem Kontakt mit den Ermittlungen der Polizei bleiben, um bei Bedarf nachzulegen. Das hat sie dann ja auch getan."

Susanne merkte, wie ihr leicht schwindelig wurde. Sie lehnte sich an eines der Absperrgitter. „Wollte sie mich etwa auch umbringen?"

Tanja nickte. „Sie war auf dem besten Weg. Der Salat war vergiftet."

Susanne war entsetzt. „Aber warum?"

„Dein Othello gibt dir die Antwort. Sie war neidisch auf dein Glück. Sie hat dir Arne nicht gegönnt. Sie war eifersüchtig und hat dich, lass mich mal raten, eifersüchtig gemacht."

Susanne fühlte sich beschämt. Woher wusste Tanja von ihrer Eifersucht? „Woher weißt du, dass ich eifersüchtig war?"

„Du hättest dich mal sehen sollen gestern Abend in der Oper. Du warst nicht begeistert, dass Arne Andrea durch Berlin führen wollte. Das hast du mir jedenfalls in der Pause erzählt."

Susanne wurde rot. Sie wandte sich hilfesuchend an den Dekan.

„Wir kennen das doch aus der Seelsorgeausbildung, liebe Frau Hertz. Was einen Menschen prägt, das wirkt sich auf die Umgebung aus. Bei dieser Frau scheint es sich um eine schwierige Persönlichkeit zu handeln, die ihr eigenes Wohl über Leib und Leben anderer Menschen stellt – jedenfalls, wenn Kommissarin Schmidt recht hat."

Susanne dachte an das, was ihr Urs Bernhardt zu Neid und Eifersucht erklärt hatte, sie erinnerte sich daran, dass es um Haben statt um Sein ging, um Besitzansprüche, die über Menschenleben hinweggingen.

„Sie wollte Arne besitzen?"

„Genau. Das haben Sie wahrscheinlich unbewusst gespürt, diese Eifersucht hat sich auf Sie übertragen."

Susanne war erschüttert. „Sie hätte mich wirklich umgebracht?"

„Wer zweimal gemordet hat, mordet auch ein drittes Mal. Du hast Glück gehabt, dass ich gestern meine Taschen bei dir in der Wohnung vergessen hatte. Wenn ich nicht zurückgekommen wäre, hättest du diesen Abend nicht überlebt. Wahrscheinlich hätte uns Andrea am nächsten Tag die rührende Geschichte deines letzten Anrufs bei ihr erzählt und sich unter Tränen vorgeworfen, dass sie deine Selbstmordabsichten nicht ernst genommen habe. Du seiest mit der räumlichen Trennung von Arne einfach nicht zurechtgekommen, sie habe dich noch beruhigt und niemals gedacht, dass es dir so ernst gewesen sei mit dem angekündigten Suizid. Niemand hätte Verdacht geschöpft, wahrscheinlich noch nicht einmal Arne."

Susanne wurde übel. Sie presste sich die Hand auf den Mund. Der Dekan stützte sie. Susanne lehnte sich dankbar an ihn.

Tanja überlegte. „Das Dumme ist: Ich kann es nicht beweisen. Wenn sie nur ahnt, dass ich ihr auf die Schliche gekommen bin, schweben wir alle in Lebensgefahr."

Der Dekan griff in die Unterhaltung ein. „Jeder macht doch einen Fehler. Wir sind Menschen. Auch Andrea von Wertkamp muss einen Fehler begangen haben, sie ist nicht perfekt. Nur dass Sie von der Polizei bislang diesen Fehler nicht entdeckt haben."

Susanne hatte sich wieder gefangen. „Wie meinen Sie das mit dem Fehler?"

Der Dekan versuchte, seinen Gedanken zu erläutern. „Selbst wenn Andrea von Wertkamp keinen Fehler gemacht hat, den Sie entdecken können, weiß sie dennoch, dass sie theoretisch einen Fehler gemacht haben könnte."

Tanja griff die Idee begeistert auf. „Stimmt, auch wenn ihr kein Fehler unterlaufen ist, könnten wir doch behaupten, sie habe einen gemacht."

Susanne hatte einen Einfall: „Du könntest behaupten, dass du ihre Fingerabdrücke gefunden hättest."

Tanja war skeptisch. „Das funktioniert nicht."

Susanne wurde ärgerlich. „Lass dir doch was Besseres einfallen!"

„In der Ruhe liegt die Kraft!" Simon Fischer wollte die Frauen besänftigen.

„Tanja soll doch Butter bei die Fische geben", meinte Susanne.

Tanja stutzte. Wieder kam ihr durch das, was Susanne gesagt hatte, eine Idee. „Genau, mit den Fischen könnte es klappen! Genauer gesagt mit dem Fischsalat. Wir könnten behaupten, wir hätten genetisches Material gefunden. Die Schachtel hat sie sorgfältig abgewischt, Sven hat keine Fingerabdrücke gefunden. Aber sie hat die Fingerhutblätter in den Salat gemischt. Dabei könnte ihr eine winzige Haarschuppe abgefallen sein, die an oder in der Schachtel kleben blieb."

„Igitt!" Susanne schüttelte sich.

„Ja, das könnte funktionieren. Dank Gentechnik, oder korrekt: Polymerase-Kettenreaktion. Dieses Verfahren kann mit Hilfe nur einer Hautschuppe einen Menschen eindeutig identifizieren."

Der Dekan war überzeugt von der Idee. „Sie werden sie quasi mit ihren eigenen Waffen schlagen!"

Tanja nickte. „Genau! Wenn sie Theater spielen kann, dann können wir das auch."

Susanne stand immer noch auf dem Schlauch. „Das bringt doch nichts vor Gericht."

Tanja bemühte sich um Geduld. „Klar. Es geht nicht darum, dass sie tatsächlich genetisches Material hinterlassen hat oder wir ihr welches unterjubeln. Sie soll nur die Fassung verlieren, weil sie denkt, sie hätte einen Fehler begangen. Dadurch soll sie sich entlarven. Oder einen wirklichen Fehler begehen, den wir nutzen können."

Simon Fischer hatte über den Vorschlag nachgedacht. „Das könnte aber auch gefährlich werden."

Tanja stimmte ihm zu. „Es ist unsere einzige Chance, es sei denn, wir lassen sie davonkommen. Ich habe eine Idee, wie wir das hinbekommen können. Ich fürchte allerdings, dass du es bist, die mitspielen muss." Sie wandte sich an Susanne.

Susanne schluckte. „Erklär mal, was du vorhast."

Tanja schilderte ihren Einfall. Susanne würde Andrea zu sich in die Wohnung einladen. Vorgeblich, um über den Anschlag mit dem Fischsalat zu sprechen. Andrea von Wertkamp hatte ja behauptet, sie sei auch bedroht worden, insofern wäre die Einladung logisch. Dann würde Susanne einen Anruf bekommen – angeblich von Tanja, die ihr berichtete, dass genetisches Material im Fischsalat gefunden worden sei. Diese Nachricht würde Susanne an Andrea weitergeben und kurz das Zimmer verlassen, vorgeblich um ihre Handtasche zu holen, da sie ins Polizeipräsidium zum Abgleich der Spuren kommen müsse.

„Wir verwanzen deine Wohnung mit Kameras: Außerdem werden wir Kollegen in deinem Schlafzimmer verstecken, die sofort zum Einsatz kommen können. Du darfst nichts trinken und essen, während Andrea in deiner Wohnung ist. Gefährlich ist es trotzdem. Willst du das Risiko eingehen?"

„Was erhoffst du dir davon?" Susanne war schon ein bisschen verzagt bei der Aussicht, mit einer Mörderin in der Wohnung zu sein.

„Sie wird unter Stress gesetzt. Gestresst macht man Fehler. Eventuell hat sie vor, dir eine Falle zu stellen, sie wird dir vielleicht irgendetwas in den Tee mischen. Möglicherweise setzt sie das noch um. Das wäre sogar am besten, denn dann haben wir sie. Sie wird befürchten, dass man ihr auf die Schliche gekommen ist. Vielleicht geht sie nach Hause, bucht ein Flugticket und versucht, das Land zu verlassen. So schnell bekommen wir keine Abhörerlaubnis für ihr Telefon, aber wenn sie versucht, Deutschland zu verlassen, halten wir sie auf. Du darfst auf keinen Fall vor ihr die Treppe heruntergehen. Am besten schickst du sie nach dem Anruf von mir nach Hause mit der Begründung, dass du gleich ins Polizeipräsidium musst. So in etwa müsste das funktionieren. Irgendeinen Fehler wird sie machen."

Susanne überlegte. „Warum bestellst du sie nicht ins Polizeipräsidium und erklärst ihr dort, dass genetisches Material gefunden wurde?"

Tanja schüttelte den Kopf. „Das wird nicht funktionieren. Sie hat dann Zeit, sich zu wappnen. Es muss sie unvorbereitet treffen – und das geht nur, wenn sie zu dir kommt."

„Was wohl Arne dazu sagen wird?"

„Ich kann dich nicht daran hindern, ihm alles zu erzählen. Ich fürchte allerdings, er wird dann versuchen, dich von diesem Experiment abzuhalten. Oder er fliegt ein und bringt unseren Plan durcheinander. Ich nehme an, er wird mir später die Freundschaft aufkündigen, wenn er das erfährt, aber mir wäre es wirklich lieber, du würdest ihn erst nach der Aktion informieren."

Dekan Simon Fischer nickte. „Ich fürchte, Sie haben recht. Mir scheint, der Kreis der Informierten sollte so klein wie möglich bleiben."

Tanja überlegte. „Wir werden es mit Pia durchziehen.

Sven bitte ich, die Sache mit den Kameras zu regeln. Normalerweise müssten wir uns das Ganze genehmigen lassen, aber da es ja deine Privatwohnung ist, bekommen wir das auch so hin. Wir deklarieren das als Freizeitaktivität. Am besten lassen wir erst gar keine Zeit vergehen. Könntest du dir heute den Spätnachmittag einrichten? So gegen sechs?"

Susanne überlegte. „Ja, das könnte gehen."

„Gut, dann versuche ich, Pia und Sven zu mobilisieren. Wir haben nur drei Stunden, aber das müsste reichen."

Tanja zog ihr Smartphone aus der Tasche und rief ihre Kollegin an. Sie erreichte Pia sofort und erläuterte ihr knapp die Situation. Pia versprach, sich umgehend um die Organisation zu kümmern. Zehn Minuten später rief sie zurück und bestätigte die Operation.

„Jetzt kommt es nur noch darauf an, dass Andrea von Wertkamp ebenfalls Zeit hat. Bist du bereit, sie anzurufen?"

Susanne atmete tief durch. Dann holte sie ihr Smartphone aus der Tasche und wählte die Nummer. „Hallo, Andrea! Ich bin noch ganz durcheinander wegen des Anschlags auf mich. … Magst du heute mal vorbeikommen? … So gegen 18 Uhr? … Ach, da bin ich aber froh! … Bis nachher!"

Susanne sah Tanja und den Dekan an. „Wie war ich?"

Tanja applaudierte. „Super. Demnächst engagieren sie dich beim Staatstheater. Jetzt müssen wir ganz schnell zu deiner Wohnung, damit bis sechs alles geregelt ist."

Simon Fischer wünschte den beiden Frauen viel Erfolg. „Kann ich noch was tun?"

„Beten Sie", antwortete Tanja trocken.

Die drei verließen die Kirche, Susanne schloss St. Johannis ab. Dann eilten Tanja und Susanne zu Susannes Wohnung. Kurz darauf trafen Pia und Sven ein. Zu Tanjas Überraschung war auch ihr Kollege Adrian von der Partie. Aber sie sagte nichts, sie war froh über jede hilfreiche Hand. Eilig machte sich das Quartett der Polizei an die Arbeit. Sven und Tanja installierten in Susannes Bücherregal Kameras, Adrian und Pia kümmerten sich um die Übertragung in Susannes Schlafzimmer. Anschließend schloss Sven noch die Mikrofone an. Susanne versuchte unterdessen, sich auf ihre anstehende Aufgabe zu konzentrieren. Um fünf waren die Vorbereitungen abgeschlossen. Tanja verabschiedete sich ins Polizeipräsidium. Wenn sie anriefe, sollte alles stimmen: sowohl die Nummer auf dem Display als auch der Klang ihrer Stimme aus dem Telefonhörer. Sie wollte kein Risiko eingehen. Sven schloss sich ihr an, nachdem er noch einmal alle Kameras überprüft hatte. Pia und Adrian zogen sich ins Schlafzimmer zurück. Von dort aus konnten sie die Kameras im Wohnzimmer einsehen, die Aufnahmen wurde zeitgleich ins Polizeipräsidium zu Sven weitergeleitet. Von nun an würden Pia, Adrian und Susanne nur noch stumm kommunizieren. Es war zwar unwahrscheinlich, dass Andrea von Wertkamp sehr viel früher käme und an der Tür lauschen würde, aber die Ermittler wollten auf der sicheren Seite stehen. Es durften keine Stimmen aus der Wohnung dringen.

Susanne setzte sich in ihrem Arbeitszimmer auf ihr Meditationsbänkchen und versuchte, mit Atemübungen zur Ruhe zu kommen. Es wäre verständlich, wenn sie nachher etwas Aufregung zeigte – immerhin war ein Anschlag auf sie verübt worden. Aber diese Aufregung musste sich in Grenzen halten, wenn Andrea nicht misstrauisch werden sollte.

Es war fünf nach sechs, als es an ihrer Tür klingelte. Andrea von Wertkamp kam mit einem großen Blumenstrauß nach oben.

„Du Arme, was hast du Schreckliches erlebt!“, rief sie und nahm Susanne in den Arm.

Susanne spürte, wie sie sich versteifte, das war nicht gut. Sie unterdrückte ihre Abwehr und erwiderte die Umarmung. „Danke“, flüsterte sie. „Komm doch rein. Was für schöne Blumen!“

„Ich dachte, ich heitere dich mal auf. Bist du allein?“

„Ja, wieso? Komm doch mit ins Wohnzimmer. Ich nehme dir mal die Blumen ab.“

Susanne ging vor Andrea ins Wohnzimmer und lud sie ein, auf ihrem Sessel Platz zu nehmen. So hatten die Kommissare in ihrem Schlafzimmer die beste Perspektive auf Andrea.

Susanne erkundigte sich, ob Andrea einen Tee trinken möge und ließ sie dann allein, um in der Küche die Blumen zu versorgen und den Tee zu holen, den sie schon vorbereitet auf einem Stövchen stehen hatte. Sie mochte Andrea nicht allzu lange allein in ihrem Wohnzimmer lassen.

Als sie mit dem Tablett mit den Blumen in ihrer Vase, der Kanne, zwei Tassen sowie Milch und Kandiszucker zurück ins Wohnzimmer kam, stand Andrea vor ihrer Bücherwand. Susanne erschrak. Hatte Andrea die kleinen Kameras entdeckt? Aber ihre Sorge war unbegründet. Andrea nahm wieder in dem Sessel Platz und erkundigte sich nach den Ereignissen der vergangenen Nacht. Susanne erzählte und beobachtete ihre Schulkameradin. Der war nichts anzumerken. Sie wirkte wie jemand, der unbefangen und empathisch zuhörte.

Es war fünf vor halb sieben, als Susannes Handy klingelte. Sie entschuldigte sich bei Andrea und nahm den Anruf an. Tanjas Stimme war überraschend deutlich zu hören, wenn man auch den Inhalt nicht verstehen konnte.

„Es tut mir leid, aber ich muss ins Polizeipräsidium“, erklärte sie, als sie das Gespräch beendet hatte. „Sie wollen einen Abgleich machen.“

Susanne erzählte Andrea, dass genetisches Material in der Packung mit dem Fischsalat gefunden worden sei und sie nun eine Speichelprobe abgeben müsse. „Sie wollen sichergehen, dass die Spur nicht von mir stammt. Tut mir leid, dass wir unser Treffen so plötzlich beenden müssen, aber du verstehst das sicher. Ich hole nur kurz meine Handtasche."

Susanne verließ das Wohnzimmer und holte die Handtasche.

„Komm, wir gehen", sagte sie zu Andrea. Sie wollte eigentlich im Flur erklären, dass Andrea vorgehen solle, weil sie noch ein kurzes Telefonat erledigen müsse, aber dazu kam es nicht mehr.

Die Schlafzimmertür flog auf und Adrian stieß sie zur Seite. Zum zweiten Mal innerhalb von vierundzwanzig Stunden kam Susannes Ellebogen in unsanften Kontakt zum Boden. Als sie sich aufrappeln wollte, trat ihr Pia versehentlich auf die Hand. Die Kommissarin war hinter Adrian ins Wohnzimmer gestürmt und half ihrem Kollegen, eine fauchende und tobende Andrea von Wertkamp auf dem Boden zu fixieren. Neben ihr lag ein schmales, langes Messer auf dem Boden.

Susanne rollte sich zur Seite, stand auf und griff nach einer Flasche Spätburgunder, die auf dem kleinen Weinregal an der Wand lagerte.

Doch dieser Einsatz war nicht notwendig. Pia und Adrian war es mit vereinten Kräften gelungen, Andrea von Wertkamp mit Handschellen zu fesseln. Pia zog sie vom Boden hoch.

„Andrea von Wertkamp, ich beschuldige Sie des Mordes an Ihrem Ehemann Daniel von Wertkamp, des Mordes an Maike Just und des Mordversuchs an Susanne Hertz. Sie haben das Recht zu schweigen, Sie haben das Recht, einen Anwalt zu kontaktieren. Haben Sie das verstanden?"

Statt einer Antwort spuckte Andrea von Wertkamp in Richtung der Polizistin. Geschickt wich Pia aus. Adrian schob Andrea von Wertkamp zur Tür, Pia half ihm.

„Was war eigentlich los?“, erkundigte sich Susanne.

„Sie hat das Messer gezückt, als Sie ihr den Rücken zugedreht haben“, erklärte Adrian, während er und Pia die schäumende Andrea zur Tür zogen. „Da mussten wir eingreifen.“

„Vielen Dank“, sagte Susanne. Dann wurde ihr etwas schwummerig zumute. Vorsichtig setzte sie sich auf ihr Sofa.

„Wir kommen alleine klar“, meinte Adrian verständnisvoll. „Erholen Sie sich erst einmal!“

„Ich bringe sie um“, brüllte Arne. Er lief wie ein Tiger durch Susannes Wohnung.

„Tu das nicht, sie hat es doch nur gut gemeint. Es hat ja auch funktioniert“, meinte Susanne, die mit einem coolpack um ihre Hand auf dem Sofa lag. Pia hatte bedauerlicherweise einen festen Tritt. „Gib mir lieber noch ein Glas Frühburgunder.“

„Gerne“, knurrte Arne und goss seiner Freundin einen kräftigen Schluck ein.

Arne war auf die Nachricht von den Ereignissen hin zum Flughafen Tegel gerast und hatte einen Platz in der letzten Maschine nach Frankfurt ergattert. Manchmal war es hilfreich, Polizist zu sein. So konnte er sich noch am Abend um seine erschöpfte, lädierte Freundin kümmern. Aber er tobte vor Zorn über Tanjas eigenmächtige Aktion.

„Ich zeige sie an! Das macht sie nicht noch einmal!“

Susanne versuchte, ihren Liebsten zu beruhigen. „Ich war doch einverstanden! Außerdem haben Pia und ihr Adrian auf mich aufgepasst. Da konnte doch gar nichts passieren.“

„Gar nichts passieren? Dass ich nicht lache!“

Susanne musste zugeben, dass nur ganz knapp „nichts“ passiert war. Immerhin: Der Plan war aufgegangen. Die Kamera hatte den Angriff auf Susanne aufgezeichnet. Selbst wenn die Ermittler Andrea von Wertkamp die Morde an ihrem Mann und dessen Freundin Maike Just nicht beweisen könnten – der Mordversuch an Susanne würde sie für einige Jahre ins Gefängnis bringen.

Es klingelte an Susannes Tür. Dekan Simon Fischer und Tanjas Freund Wolfgang Jacobi fanden sich ein. Es sollte noch weitere zwei Stunden dauern, bis die erschöpften Ermittler Tanja, Pia und Adrian bei Susanne eintrafen. Nach einem kurzen, heftigen und lautstarken Streit zwischen Arne und Tanja kehrte Frieden ein. Tanja erzählte, dass Andrea von Wertkamp von ihrem Aussageverweigerungsrecht Gebrauch gemacht habe. Außerdem habe sie den Namen eines bundesweit bekannten Staranwalts genannt, der ihre Verteidigung übernehmen würde.

Susanne öffnete eine Flasche ihres Lieblings-Winzersekts, um auf den Erfolg der Kommissare anzustoßen – und auf ihr Leben.

„Für die eingemauerte Leiche in der Eleonorenstraße ist Andrea von Wertkamp aber nicht verantwortlich“, meinte Susanne.

„Ich bin gespannt, ob wir jemals herausfinden, wer in diesem Fall der Mörder oder die Mörderin war“, zweifelte Adrian.

„Egal wer es war – morgen habe ich frei!“ Tanja lächelte Wolfgang zu.

„Du hast es gut“, sagte Susanne.

„Sie wollen doch morgen nicht den Gottesdienst feiern, nach allem, was geschehen ist?“ Dekan Simon Fischer war entgeistert. „Das kann doch ich übernehmen!“

„Dienst ist Dienst und Schnaps ist Schnaps“, sagte Susanne entschlossen und trank einen Schluck Winzersekt. „Außerdem steht die Predigt. Aber anschließend …“, sie zwinkerte Arne zu.

„Ich mach morgen die Dokumentation.“ Pia schaute auf ihre Uhr und griff nach ihrer Handtasche. „Muss los.“

„Wenn du Hilfe brauchst – ich habe morgen zufällig auch Dienst“, sagte Adrian.

## SONNTAG

*Was du liebst, lass frei. Kommt es zurück, gehört es dir – für immer.*

*Konfuzius*

Susanne und Dekan Simon Fischer saßen nach dem Gottesdienst noch eine Weile gemeinsam im Alten Dom St. Johannis.

Der Dekan war in den Gottesdienst gekommen. „Wenn Sie nicht mehr können – ich kann für Sie übernehmen“, hatte er ihr bei der Begrüßung an der Kirchentür zugeraunt. Aber Susanne hatte die Herausforderung souverän gemeistert.

Der Kirchenkaffee nach dem Gottesdienst hatte dann etwas länger gedauert als gewöhnlich. Das ältere Paar aus der Gemeinde hatte wie versprochen eine Torte vorbeigebracht. Endlich waren alle Teller abgeräumt und gespült.

Susanne spürte, wie viel Kraft sie die letzten Tage gekostet hatten. Müde ließ sie sich auf einen Stuhl sinken.

„Kaum zu fassen, dass es keine Woche her ist, dass ich hier bei Ihnen gebeichtet habe“, staunte sie. „Ich bin immer noch erschüttert darüber, dass Andrea mich umbringen wollte. Und ich verstehe es immer noch nicht ganz. Schließlich habe ich die ganze Zeit gedacht, mein eigener Neid und meine Eifersucht wären meine Lebensprobleme. Dabei war ich wegen des Neids von Andrea in Lebensgefahr. Und sie hat aus Eifersucht zwei Menschen umgebracht."

„Neid gilt nicht umsonst als Todsünde", sagte Simon Fischer nachdenklich. „Es ist schon erschreckend, was er auslösen kann. Seien Sie froh, dass es bei Ihnen nicht so weit gekommen ist wie bei Ihrer Schulfreundin."

„Sie meinen, ich hätte theoretisch auch zur Mörderin werden können?"

Der Dekan nickte. „Natürlich! Wir tragen alle einen Kain in unserem Herzen und sind zum Mord aus Neid fähig, wenn man uns keine Grenzen setzt."

Susanne überlegte. „Ich danke Ihnen noch einmal für die Beichte! Vielleicht wäre die Welt friedlicher, wenn mehr Menschen diese Chance nutzen würden, einem anderen Menschen ihr Herz auszuschütten."

Simon Fischer stimmte Susanne zu. „Aber viele wissen gar nicht, dass sie das dürfen."

„Leider!"

„Martin Luther hat übrigens bei Trübsinn Musik verordnet. Vielleicht ist in Ihrem Fall der Othello nicht die geeignete Musik, aber wie wäre es mit zwei Tickets für das Open-Air-Konzert heute Abend im Volkspark?"

Wie ein Zauberer hatte ihr Dekan plötzlich zwei Karten in der Hand.

Susanne staunte. „Für mich? Heute Abend? Da spielt doch …"

„… genau! Und ich habe zwei Karten übrig, meine Frau ist krank und ich muss auf die Kinder aufpassen. Haben Sie zufällig Zeit?"

Statt einer Antwort drückte Susanne den Dekan ganz fest an sich.

## MONTAG

*Das erste Haus baust du für deinen Feind das zweite für deinen Freund und das dritte für dich selbst.*

*Konfuzius*

Dr. Simone Waller-Becker, die Vorsitzende des Gonsenheimer Heimat- und Geschichtsvereins, lehnte sich in ihrem Schreibtischstuhl zurück. Sie hatte Tanja und Pia in ihrem großen Arbeitszimmer empfangen, das bis zur Decke mit Bücherregalen angefüllt war. Tanja hatte – abgesehen von der Stadtbibliothek – noch nie einen Raum mit so vielen Büchern gesehen.

„Die Geschichte der Gonsenheimer Juden war lange wenig erforscht, aber immerhin gibt es jetzt eine wissenschaftliche Aufarbeitung und eine beeindruckende Dokumentation“, erläuterte Waller-Becker. „Allerdings konnten wir nicht alle Schicksale aufklären. Es ist eine bedrückende Geschichte. Leute, die vorher Nachbarn und Freunde waren, wurden durch Rassismus ausgegrenzt und brutal umgebracht. Wir wissen nur von wenigen Personen, die überlebt haben.“

Tanja hakte nach. „Sie meinen, dass der Tote im Keller ein Jude war?“

Dr. Simone Waller-Becker nickte. „Das könnte gut sein, ich vermute es sogar stark. Das Haus, in dem er gefunden wurde, war während des ‚Dritten Reichs‘ der Wohnsitz eines bekannten Nazis, er hatte das Haus gemietet. Möglicherweise hat der dem Mann vorgespielt, er würde ihn verstecken und hat ihn dann ermordet.“

Tanja zweifelte. „Warum der Aufwand? Er hätte ihn doch einfach denunzieren und deportieren lassen können."

„Vermutlich war es für ihn vorteilhafter, es so aussehen zu lassen, als ob der Mann noch leben würde. So konnte er in dessen Namen Schenkungsurkunden ausstellen. Das wäre jedenfalls eine Möglichkeit. Vielleicht hat er den Mann vor seinem Tod noch gezwungen, solche Dokumente zu unterschreiben, um an dessen Besitz zu kommen. Da er den Toten versteckt hatte, wussten dessen Angehörige nicht, wo sie nach ihm suchen konnten. Falls diese Angehörigen die Schreckensherrschaft überlebt hatten. Der Mann wollte offenbar auf Nummer sicher gehen. Möglicherweise hatte er auch vor, die Leiche irgendwann später verschwinden zu lassen. Als der nationalsozialistische Terror dann vorbei war, fand er es zu riskant, das zu versuchen und ließ den Keller wie er war. Wie gesagt, das sind nur Vermutungen. Fragen können wir den Mann nicht mehr, er ist in den 1970er Jahren verstorben. Da lebte er schon nicht mehr in Gonsenheim. Nach einem Prozess in den 1950er Jahren, den er mit einer geringen Strafe überstanden hat, hat er in Freiheit gelebt bis zu seinem Tod. Finanziell ging es ihm gut. Das Eigentum des Toten im Keller hat möglicherweise dazu beigetragen. Es ist unglaublich, wie viele Nazis im Nachkriegsdeutschland unbehelligt geblieben sind. Eine Schande! Ich bin froh, dass wir in Gonsenheim angefangen haben, uns mit unserer Geschichte auseinanderzusetzen. Obwohl auch das nicht einfach war, noch heute, im 21. Jahrhundert! Stellen Sie sich das vor."

Nach dem Fund der Leiche im Keller hatten die Eigentümer den Preis für die Immobilie erheblich reduziert.

Die Feng-Shui-Beraterin ging mit dem jungen Ehepaar Kohlen durch das Haus. Sie war erstaunt, dass die beiden jungen Leute trotz allem, was geschehen war, Interesse daran hatten, dieses Haus zu erwerben – vorausgesetzt, dass sie als Beraterin dem Haus eine Chance geben würde.

Die Beraterin hatte die Geburtsdaten der beiden jungen Leute aus Feng-Shui-Sicht analysiert und herausgefunden, dass sie sich von ihrer Elemente-Konstellation her wunderbar ergänzten.

„Im übertragenen Sinne passt der seitliche Eingang, der sich nach Westen öffnet, und die Blickseite des Hauses, die nach Süden geht, gut zu Ihnen beiden", erklärte sie. „Sie sind in China geboren und von ihrem Horoskop her auch „Ost-Mensch". Deshalb sind für Sie die Himmelsrichtungen Norden, Osten und Südosten förderlich, außerdem der Süden, also genau die Richtung, in die das Haus blickt. Sie dagegen,", sie wandte sich an den jungen Mann, „sind auf Grundlage Ihrer Geburtsdaten ein „Westler". Aus Feng-Shui-Sicht heißt das, dass für Sie eine nach Westen blickende Eingangstür förderlich ist. Das Haus scheint es Ihnen beiden rechtmachen zu wollen."

Gemeinsam besichtigten die drei den großen Garten. „Das Element ‚Holz' passt ebenfalls gut zu Ihnen. Sowohl der schöne Dielenboden im Haus als auch der alte Baumbestand im Garten wird Ihnen guttun. Allerdings braucht das Haus klärende und stabilisierende Maßnahmen. In diesem Haus ist ja großes Leid geschehen."

„Was können wir tun?", fragte der junge Mann. „Ist es überhaupt möglich, hier einmal glücklich zu sein?"

Die Beraterin nickte. „Zuerst ist es wichtig, das Alte zu befrieden. Sie können das Haus zum Beispiel segnen lassen und dabei um Frieden für den Menschen bitten, der hier gewaltsam zu Tode gekommen ist. Dabei können Sie auch für Ihren früh verstorbenen Vater in China bitten. Der bisherige

Grundriss des Hauses zeigt, dass das Vater-Thema eine Rolle spielt. Das gilt für die Vergangenheit und für diejenigen, die sich jetzt von dem Haus angezogen fühlen. Den Grundriss des Hauses zu ändern ist eine äußere Unterstützung für eine Veränderung. Gleichzeitig sollte das Vater-Thema auch innerlich wirklich befriedet werden. Erst dann ist es wieder möglich, kraftvoll und selbstbestimmt das Leben in diesem Haus zu meistern." Die Beraterin überlegte einen Augenblick. „Wir werden die neue Raumverteilung besprechen, die Sie sich gewünscht haben und wir werden gemeinsam mit Ihrem Architekten beraten, wie wir den Grundriss so verändern, dass aus diesem Haus ein wohltuendes Heim für Sie und Ihre Familie werden kann. Außerdem werden wir die für Sie passenden Farbakzente setzen. Was ich ganz wichtig finde: Feiern Sie den Umzug in dieses Heim mit einem großen Fest! Laden Sie Ihre Freunde, Ihre Familie und die Nachbarn ein! Wenn Sie sich dieser Aufgabe stellen, kann Sie dieses Haus einen großen Schritt weiterbringen."

Susanne und Arne spazierten Arm in Arm am Rhein entlang. Arne hatte sich den Montag freinehmen können, er würde am Abend zurück nach Berlin fahren. Susanne lehnte sich an ihren Freund.

„Mir tun die beiden Mädchen leid, Nike und Viktoria. Im Grunde haben sie jetzt beide Eltern verloren", sagte sie.

Arne schwieg nachdenklich.

„Sie war neidisch auf uns", ergänzte Susanne vorsichtig. „Andrea hat mir mein Glück mit dir nicht gegönnt. Das Merkwürdige ist: Mir ist durch sie wieder wirklich deutlich geworden, wie wichtig du für mich bist."

„Das grüne Köfferchen", sagte Arne. „Ich bin das grüne Köfferchen."

Susanne verstand nichts.

„Mich erinnert das an die Geschichte von dem grünen Köfferchen, das eine Frau seit Jahren auf dem Dachboden stehen hat und es eigentlich auf den Sperrmüll stellen will“, erklärte Arne. „Eines Tages kommt ihre Freundin, sieht das Köfferchen und fragt, ob sie es haben könne. Die Frau schaut auf ihr Köfferchen und merkt plötzlich, dass sie sich auf keinen Fall von diesem Köfferchen trennen will.“

„Du bist gemein“, beschwerte sich Susanne. „Ich habe dich nicht auf dem Dachboden vergessen. Außerdem hat mich Andrea nicht gefragt, ob sie dich haben könnte. Sie hat versucht, mich umzubringen.“

„Na gut, mein Beispiel passt nicht ganz.“

„Aber, zugegeben, sie hat mir dadurch gezeigt, wie wichtig du für mich bist.“

„Also wandere ich nicht auf den Sperrmüll, Glück gehabt!“

„Nein, dich gebe ich nicht mehr her“, sagte Susanne zärtlich. „Ich habe auch viel gelernt über mich in der letzten Zeit. Ich habe in meine Abgründe geschaut und mich mit meinem Neid auseinandergesetzt. Ich habe erfahren, dass man Menschen nicht besitzen kann und darf. Ich habe gespürt, wie kostbar das Leben ist, gerade, weil ich es fast verloren hätte. Aber ich habe auch darüber nachgedacht, dass Neid ein guter Indikator ist. Ich war neidisch auf Tanja, weil sie schwanger ist. Das sagt mir auch: Ich will ein Kind. Und zwar bald. Meine biologische Uhr tickt. Andere Frauen sind in meinem Alter schon Großmütter!“

Susanne war stehen geblieben und hatte die Arme in die Hüften gestützt. Sie sah ziemlich energisch aus.

„Sollen wir an Ort und Stelle mit der Produktion beginnen? Du wirkst so entschlossen“, scherzte Arne. „Aber du musst dich sputen, mein Zug fährt in drei Stunden!"

Susanne holte mit ihrer Handtasche aus, Arne wich geschickt aus. Dann nahm er seine Freundin in die Arme. „Na gut, wenn du eine Kombination aus uns beiden Dickköpfen riskieren willst, dann versuchen wir mal unser Glück."

**VERA BLEIBTREU** *entstand im selben Jahr wie die Berliner Mauer, erwies sich jedoch als haltbarer. Sie schmilzt bei ihrem Liebsten dahin und ihr Sohn kann sie sowieso um den Finger wickeln. Sonst ist sie eine mörderisch stabile Persönlichkeit.*

*Vera Bleibtreu lebt seit 1993 in Mainz und kann sich seitdem ein Leben ohne Rhein, Wein und Handkäs nicht mehr vorstellen. Ihre Brezeln verdient sie unter dem Namen Angela Rinn als Professorin für Seelsorge am Theologischen Seminar in Herborn. Sie ist Autorin in der Rundfunkarbeit beim SWR, Kolumnistin (zeitzeichen, Evangelische Sonntagszeitung) und Mitglied der EKD-Synode.*

*Krimis:* ***Und führe mich nicht in Versuchung, Trauerspiel*** *(beide Knecht-Verlag),* ***Schneezeit, Die letzten Tage der Wespen*** *und* ***Logbuch des Todes*** *(Leinpfad Verlag); Kurzkrimis in mehreren Anthologien des Leinpfad Verlags.*

(Foto: Harald Oppitz © Die ZEIT / Christ & Welt)

**Sie lieben die Krimis mit Susanne Hertz? Wir haben noch mehr!**

Vera Bleibtreu: ***Schneezeit***
Unser 1. Krimi mit Pfarrerin Susanne Hertz.
ISBN 978-3-942291-20-0, 172 S., Broschur, 9,90 € 3. Auflage!
ebook: ISBN 978-3-942291-70-5, 8,99 €

Vera Bleibtreu: ***Die letzten Tage der Wespen***
Unser 2. Krimi mit Pfarrerin Susanne Hertz.
ISBN 978-3-942291-91-0, 180 S., Broschur, 9,90 €
ebook: ISBN 978-3-942291-69-9, 8,99 €

Vera Bleibtreu: ***Logbuch des Todes. Ein Krimi***
Unser 3. Krimi mit Pfarrerin Susanne Hertz
ISBN 978-3-945782-20-0, 176 S., Broschur, 9,90 €
ebook: ISBN 978-3-945782-22-4, 8,99 €

**Aber wir haben auch Ausflugsführer, Garten-, Kinder- und Kochbücher!**

Thomas Ehlke: ***Weinkompass Rheinhessen. Die 50 besten Straußwirtschaften und Gutsschänken***
Thomas Ehlke hat die 50 besten Adressen in Rheinhessen für Sie ausgewählt: Er beschreibt die Weine, das Essen, das Ambiente und bewertet alles mit bis zu fünf Träubchen. Mit einer Top-Ten-Liste!
ISBN 978-3-945782-35-2, 124 S., 120 Farbfotos, Broschur, 14 €
3. überarbeitete Auflage!

Anne Rahn: ***Neues aus meinem Garten***
Es geht um Dahlien, Astern, Lauch, Fenchel, Zitronengras, Mönchspfeffer, Süßkartoffeln, Wolfsmilchgewächse, Verbenen, Wildblüten, Majoran, Speierling, Johannisbeeren u.v.am. Weiterhin um den insektenfreundlichen Garten und um den Garten im Klimawandel ISBN 978-3-945782-44-6, 136 S., Klappenbroschur, über 150 Farbfotos, 15 €

Angelika Schulz-Parthu (Hg.): ***Rheinhessische Tapas***
Lassen Sie sich überraschen von Spundekäspralinen, Handkäs mediterran oder einem rheinhessischen Carpaccio – klein, stark, witzig!
ISBN 978-3-942291-40-8, 116 S., 60 Farbfotos, Klappenbroschur, 12,90 €
4. Auflage!

Bastian Foerg: ***Noch mehr Rheinhessen Tapas***
ISBN 978-3-945782-04-0, 128 S., 58 Farbfotos, Klappenbroschur, 13,90 €